与世界伟人谈心

Van Loon's Lives

〔美〕亨德里克·威廉·房龙◎著

常绍民◎译

中国出版集团

现代出版社

图书在版编目（ＣＩＰ）数据

与世界伟人谈心 / （美）房龙著；常绍民译 . —— 北京：现代出版社，2016.3（2023.9 重印）

（房龙真知灼见系列）

ISBN 978-7-5143-4541-4

Ⅰ . ①与… Ⅱ . ①房… ②常… Ⅲ . ①名人—生平事迹—世界—青少年读物 Ⅳ . ① K811-49

中国版本图书馆 CIP 数据核字 (2016) 第 024289 号

与世界伟人谈心

著　　者	（美）亨德里克·威廉·房龙
译　　者	常绍民
责任编辑	周显亮　袁子茵
出版发行	现代出版社
地　　址	北京市安定门外安华里 504 号
邮政编码	100011
电　　话	010-64267325　010-64245264（传真）
网　　址	www.1980xd.com
电子信箱	xiandai@vip.sina.com
印　　刷	永清县晔盛亚胶印有限公司
开　　本	700mm×1000mm　1 / 16
印　　张	10
版　　次	2016 年 4 月第 1 版
印　　次	2023 年 9 月第 5 次印刷
书　　号	ISBN 978-7-5143-4541-4
定　　价	58.00 元

目录

01 捐躯献国，沉默者威廉

忍辱负重，乔治·华盛顿将军 / 2

02 风流女性：伊丽莎白女王与西奥多拉

皇后 / 37

03 一场噩梦：罗伯斯庇尔和

托克马达 / 85

目录

04 枭雄拿破仑，乐圣贝多芬 / 123

05 时间消磨不了仇恨——彼得大帝与
    查理十二世 / 135

与 世 界 伟 人 谈 心

与世界伟人谈心

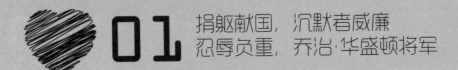

01 捐躯献国，沉默者威廉
忍辱负重，乔治·华盛顿将军

我们在费勒市政厅为伊拉斯谟安排了一个房间并招待我们的另两位客人：沉默者威廉与乔治·华盛顿将军。

周日清晨，我们确定了要请的对象。在我们看来，我试着去找一位不仅与我们自己小城的历史相关，而且与国家整体的历史相关的历史名人应归之于费勒。我们想到的只有一个名字。

奥伦治的威廉不仅仅是费勒侯爵，而且是位亲王，因为他不仅建立了荷兰，并用自己的鲜血确保了它的独立。但我们请谁去见他呢？我们要想真正成功，必须同时至少请两位到场。这样做是为了使对话轻松愉快。

"他们具有很多共同点，会像好朋友那样相处的。"

"那么我们就着手行事吧。我们将在字条上写上亲王和华盛顿的名字。今晚你回家时可以把它藏在市政厅的石狮子下面。"

其后三天我整天忙于整修市政厅中伊拉斯谟的书房。因为仅给他必要的桌椅是不够的。他还要有什么事让脑子不闲着，因为一位终生辛苦劳作的人不可能坐下来盯着窗外看。因而我给海牙尼尔霍夫公司的亨利·迈锡打电话，请他快邮

请柬被小心地放在守卫着市政厅入口处年代已久的石狮子下面。

一批旧书给我们。我含糊地解释我想要的东西，余下的事由他完成，我知道他不会弄错的，正如我所料，不到24小时书就被送到了。

书中有一些罕见的版本。里面有一本1471年在威尼斯印刷的贺拉斯集，我希望此书不会出什么事，因为它值许多许多钱！随后有非常早的法文版泰伦斯喜剧集，一本精美的《人类救赎臆想》（1473年），温肯·德·沃德的《编年史》（1495年），1471年印刷于布鲁日的威廉·卡克斯顿的《特鲁瓦史》，以及亨利所能找到的所有阿尔杜斯版图书：一部完整的维吉尔集，贺拉斯、普鲁塔克、索福克勒斯、亚里士多德、柏拉图、希罗多德、修昔底德、色诺芬、欧里庇得斯的著作。它们大都让人记起那位有学问的出版家阿尔杜斯·马努休斯在威尼斯建立的新学园，在那里任何人都只准讲希腊语——或者尽量讲古老的希腊语。

那时我突然交了一次好运。我到米德尔堡去买牛皮纸和年代久远的范·盖尔德碎布优质纸，顺便访问我的朋友书商范·本瑟姆，并问道："到底在哪里才能找到几管鹅毛笔呢？"他答道："你真来对地方了。前两天我清理阁楼，看见了一些必定是我祖父在19世纪二三十年代出售的鹅毛笔。它们仍是原来的包装，与刚削好时一样完好。我很愿意给你一把。"这样我们就把一切东西准备齐全了，只是墨水是希金斯印度墨水，我敢肯定伊拉斯谟从未用过如此流利的书写墨水。

因而万事俱备，只待伊拉斯谟前来了。对吉米和露西的忠诚劳动，我表示了谢意。随后我们锁上门，等着瞧事态如何发展。

这是我通过星期四末班邮车寄给弗里茨的有关奥伦治亲王情况介绍的抄本，他对多数情况应相当熟悉了。介绍属于旧派外交家们惯于称作备忘录的东西，指导人的记忆。

那天是1555年10月25日，地点为布鲁塞尔。1000多人聚在金羊毛厅，向其统治者道别。他们来自17个省，前来参加荷兰议会会议的代表，这些省将组成叫作"荷兰"的国家。

这些郡、公国和主教领曾多次易手。巴伐利业王室一度在他们的事务中起很大的作用——这一作用致使一位特别的公主、巴伐利亚的雅克琳有机会作为一位意志坚强的女性脱颖而出；假如她不是对性爱如此感兴趣，她本可以上升到事业顶点的。与苏格兰的玛丽一样，她嫁给了一连串软弱而仪表堂堂的年轻男子，最后沦为囚徒，悲伤地度过了余生。她被关押在一个城堡中，城堡在旧荷兰省平坦的草地中仍孤零零地突兀而起。

随后是勃艮第家族，在其统治时期，低地国家南半部成为整个欧陆最富庶的制造业中心，把英格兰羊毛加工成成衣，而当时土气的英格兰人尚不知制作方法。

　　布鲁日、根特和伊普尔积聚起大量财富，中欧崛起的各王朝为了占有它们刀兵相向。但由于这些共同体一直处在没有纪律的帮工领袖的统治之下，处在战争、敌对不止的状态，因而无力保持独立地位，被吞入南方沿途更有效的王室之中。

　　最后，勃艮第大胆的查理的女儿玛丽嫁给了奥地利的马克西米利安。她的父亲在与文艺复兴早期那位天字第一号恶棍，即法国的路易十一世的冲突中丧生。就这样奥地利王室成了尼德兰的继承人。

　　马克西米利安和玛丽的孙子——那位下颌突出的著名的查理（突出的下颌逐渐将成为所有真正奥地利王公的标志）——因而生来就是佛兰德斯人，因为他是在根特呱呱坠地的。在去世之前，他已成为一个广袤无比、

我有好多写字的笔。

比今日大英帝国还要庞大的帝国的主人。平心而论，查理尽了自己的最大努力，但那种情况是他力所不能及的。一个想治理好100个不同的民族，分布在由麦哲伦海峡到波罗的海的地区内，殊为困难。如果他在同时不得不解决宗教冲突，其中1亿臣民要么坚决站在教皇一边，要么追随马丁·路德，那就更加难办了，查理在内心深处是伊拉斯谟的学生，过于明智，以致关心不过来。

"一场瘟疫降临你们两家了！"这是他生活的前20年的想法。即使在他不得不迁居西班牙后，他在对待非常了解的这些低地国家人时仍试图遵守节制原则。但所有这些在他不再实际理政、由其子菲利普管理国家之后都结束了。就像其父亲主要是位佛兰德斯人一样，菲利普主要是西班牙人；自菲利普继承其父充当低地国家统治者起，真正的困难就开始了。

在西班牙、意大利、奥地利、秘鲁和拉普拉塔河沿岸平原，菲利普能够充分地扮演"我，国王"的角色，随自己的意愿颁发命令，令到即行。但在尼德兰，国王最新赦令刚刚贴在墙上，就被人撕下来，取而代之的很可能是国王陛下的漫画。

最后，我高兴地说，荷兰人的固执将战胜哈布斯堡的顽固不化，但在查理最后一次充满柔情地向尼德兰人告别的悲哀日子，这一切尚隐而未露。只是在尼德兰人中，查理才度过了一段幸福的日子。

布鲁塞尔的大厅中挤满了陛下在低地国家辖地内最高贵、最优秀的人物。稍等片刻，查理本人出现了。正如他常常称自己的那样，他年老体衰。他重重地靠在一位男侍的肩上。人们认识这位年轻人，而且非常了解。他们低声说他是国王的亲近——与他自己那位阴郁、绷着脸的儿子相比，老查理更喜欢这位显得很精明的外人。他们希望那位叫威廉的年轻人

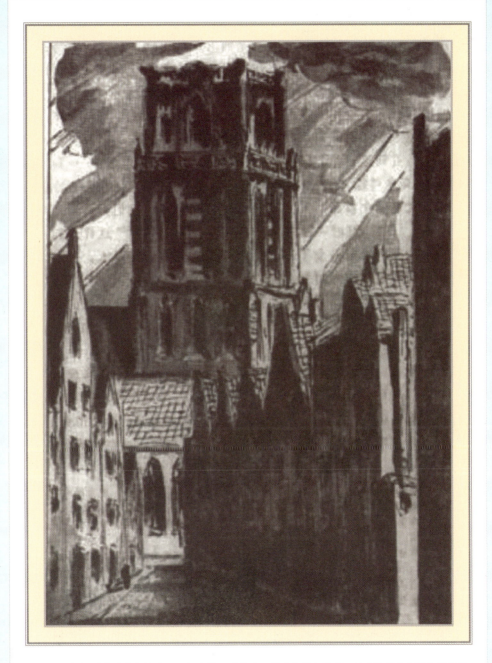

伊拉斯谟是荷兰鹿特丹人，他重新回到这里，的确是故地重游。现在的鹿特丹跟他所生活的年代，有着很大的不同。

能够担起反对"外国人统治"的领导权，这一局面在当老查理（上帝保佑他）的王位由菲利普承继肯定就会出现。他们不敢肯定威廉会不会应承，但祈祷那一情况的到来。

这位年轻秘书叫威廉，是拿骚—迪伦堡伯爵与其妻斯托尔堡女伯爵朱莉安娜的五个儿子中的一个。朱莉安娜女伯爵看来是位才女——中世后期如阿尔盖尔·亚当斯那种人。因为她生了一群在16世纪后半期事务中实际上都将起至关重要作用的儿子。其中长子威廉注定要成为那些历史人物之一，他由于这一或另一原因，虽然活动范围相当有限，但能够在其环境中彻底打上自己的印记，跻身于"流芳千古的人物"之列。

想确切指出导致那种成功的一种简单的非凡的个性，在任何时候都是非常困难的。威廉在军事统帅方面没有天赋。他从未赢过任何一场战斗的胜利，常常遭遇被掳获或杀死的危险。他也没有受到某种特殊使命的狂热信念的感染，这种使命曾使许多平庸之辈达到荣誉的顶点。他生活在一个世界在宗教信条观点方面产生严重分裂的时代，他的几个兄弟成为新信条的热心的甚至偏执的追随者。但威廉总是谨慎地使自己小心地超脱这种争执。他被培养成了一位新教徒。当他有机会承袭一位死后无嗣的法国远亲丰厚的财产时，他举行了重返天主教的仪式，这样才可被承认是奥伦治公国之首的外在仪式。不过，几年后，我们发现他成为了完全由狂暴的新教徒组成的尼德兰反叛力的最高统帅。

威廉从未假称自己是一场重大改变信仰事件的经受者，并看见了光明。他只是不再去做弥撒，再一次以完全平和的态度聆听那些取代了其路德宗同行的加尔文宗牧师的布道。路德宗对多数荷兰人来说有些过于平和，不太合他们阴郁的口味。在他生活的最后时刻，当他奄奄一息地躺在他在德尔斐特的居所的台阶上时，威廉想到了交由他照料的人，但待在他近旁的人都没有听到他低声说出一个要求，即由一位教士或牧师照料他。

威廉虽然不是一个严格意义上的知识分子，但有着异乎寻常的敏捷头脑。他受过良好的教育。他从未下功夫去拿博士学位，但恕我直言，他为何要去攻取呢？成为他父亲富人威廉的地产的继承人。此外，当他依然很年轻时，他突然从亲戚奥伦治亲王的地产上获得非常多的贡纳收入；作为北欧最富有的年轻人之一，他可以期盼的前途是一种世人对他没有多少期望、只希望他在继承父业后成为一位相当公正、不太苛严的统治者。

但是，威廉远比同代富有的年轻人要聪明和勤奋，他没有百无聊赖地虚度时光，而是把时间用在学习国务和外交技能上。这有朝一日可以让他在国际政治领域内起领导人的作用。查理五世在布鲁塞尔的宫廷向他提供了发展这种特殊才智的良机。他学会了如何以一位击剑手的灵巧使用自己的大脑，即使在应召用一把短小的双刃剑迎战一位身着盔甲、挥舞战斧的对手时仍能把持住自己。

他在尼德兰人与西班牙王的冲突中支持反叛的尼德兰人事业，这使他处于有利地位。在四分之一世纪的时间里，整个欧洲注视着这一届认为注定失败的事业的领导人与欧洲最强大的君主之间的决斗。当后者降低身份以暗杀手段赢得较量时，许许多多人都同意，亲王将很肯定地取得了胜利。后人完全同意这一预言。

这位年轻的德意志人为何决定离开他在德意志的产业，为何移居尼德兰呢？变化完全是出于对现实的考虑。他的父亲，老富人威廉，把很大一笔钱投资于低地国家地产上。查理皇帝怀疑他父亲的路德宗倾向（他母亲很久以前就风尘仆仆回到了威腾堡），相当开通地暗示说，如果该家的长子作为青年侍从在布鲁塞尔接受教育，这些财产遇到的被充公的风险要小。就这样，这位漂亮、和蔼可亲的年轻人被送到了布鲁塞尔，在那里学会了在实际政治领域所能学会的一切东西，在那里他广交朋友，花钱如流水，侥幸靠结婚获得了更多的钱财。如果他活到今天，他与其妻子的名字会每天都出现在所有大型日报的社会栏里，呜咽痛苦的姐妹们会为这位亲爱的亲王最近为了款待来自米兰宫廷的大使、有名的普林西普·代格利·乌格布基所花的巨额金钱和营造的豪华气氛感到心颤，周日增刊会刊登这对夫妻在布雷达附近的地产上饲养的奇妙的小灵狗的照片。

这位时髦的无所事事的年轻人在几年之内会发展成为一个几乎绝望的事业的严肃而极其称职的领导人，这表明在他身上有着比外表显示出来的多得多的东西。事实上，他的一些同时代人已经非常清楚地认识到了他作为廷臣和政治舞台领班所具有的超凡才干。布鲁塞尔的总督宫是密谋的温床，但因为有太多的外国食客，令当地派别很不高兴，荷兰人和佛兰德斯人都想为自己的孩子获得所有报酬丰厚的职位，愤愤不平地看到他们本省内肥腴的主教和领高报酬的政府职位落在意大利人、西班牙人或法国人手中。

另一方面，由于他在低地国家拥有的财产，威廉被认为是一位荷兰人。由于他智力远高于一般人，他比其他大多数贵族优雅和善于经商（那些贵族很少超出乡间贵族的平庸的文化水平），他的同事非常乐于让他照料自己的利益。与此同时，他们可以继续平静地住在其城堡中，终日游猎，彻夜饮酒，以纵狗斗熊打赌，为了个别年轻的女继承人以最不合礼仪的方式争斗，因为让他们一位蠢笨的儿子与她结婚可以至少部分地减轻他们相当重的债务抵押负担。

这就是查理五世皇帝让位时的时局。宫廷中的西班牙和意大利的追寻财富者很快发现，阻碍他们计划（因为他们也想要这些女继承人和职位）

在这一新书房中，伊拉斯谟非常高兴。

实现的最大力量是这一有着翩翩风度但紧闭双唇的德意志年轻人。他们不无讥讽地给他起了个外号"沉默者"——这个人不多讲一句废话，默默工作，但总是能得到自己想要的东西。

实际上，威廉根本不是一位沉默寡言者。他是一位爱交际的人。他喜爱置身于同胞之间。他能与任何人在任何地点进行任何类型的谈话。他具有让所有与他接触的人感到舒服的罕见本领。他甚至知道如何对付在一场大的精神和宗教危机中必定会浮上水面的怒目而视的狂热分子。但他也知道在最对自己有利时缄口不言，而且他会像一家现代商行的负责经理那样远远躲开。

年迈的皇帝当时靠在这位年轻人的肩膀上向他钟爱的尼德兰议会告别，他请议员们原谅他蹒跚而行读咨文的方式，他说："先生们，如果一位像我这样年老体弱，并承受你们爱戴之情的人掉下几滴眼泪，请不必大惊小怪。"致使他如此悲伤地喃喃说出这些几乎没有人能理解的话的原因，可能在于他因风湿病而产生的骨痛和他对其可爱的佛兰德斯和荷兰臣民的爱；也可能是由于他因在著名的非洲战役中染病而失去了牙齿。但结果是，在场的每一位都对他们可怜的旧主深感同情，祝愿他康健。

查理在世上又存活了三年，以享受他在战场或在办公桌前度过40年所为自己确切无疑地挣得的休息权利，但在那一时期末他不得不亲自过问他从前领地上的事务。因为在菲利普统治下，那里当即出现混乱，西班牙后来再也未能从混乱中拯救自己，终致西班牙帝国崩溃。

查理刚刚退到他在南方的孤独的隐居地，大决斗就开始了。一方是具有独裁专权思想的菲利普，一方是在行动和思想上都坚持个人自由的威廉。最后，决斗导致公开决裂，残酷无情的阿尔瓦公爵率领一支征讨远征军经法国北上，自认为用不了几个月就能粉碎这群由黄油生产商和奶酪商组成的胆敢反抗其合法主人的乌合之众。

在公开战斗中，这些有经验的西班牙老兵轻而易举地打败了自己的对手，但当反叛者撤到海上并打开闸坝让水淹没自己的土地而不是向不共戴天的敌人投降时，黄油开始悄悄溜过阿尔瓦大公及其外国雇佣军的坚硬的手指。

最后阿尔瓦不得不承认失败。像菲利普所有最忠诚的仆人一样，阿尔瓦不得不靠借贷来维持军队（菲利普从不向任何有可能自己解决问题的人支付报偿），结果使自己债台高筑，被迫在午夜逃离布鲁塞尔，不然在第二天上午他就会被狂怒的债权人抓住，把他拖到一个民事法庭中审讯，因为在这一令他们讨厌的商人和艺匠土地上，民事法庭在战争进行之际仍然发挥作用。

在遭到第一次失败后，菲利普尝试一种新的策略。这一次他派去了一位平和节制的使者，至少外表上如此，因为菲利普在内心并未改变对"真理信仰"敌人的态度。反叛者的所有新建议都被恭敬有礼地听取了。随后是同样的冷冰冰的沉默。"能否把可憎的外国人召回？菲利普国王能否通过正常的既定的法庭渠道对待其荷兰臣民，并限制对一位习惯于思想自由的不情愿的人强制进行严密审讯？"

对于这两点中的前一点，身在远处的马德里（发往他那里的信件总是在半年后才能抵达）的国王假称愿意达成妥协。但他坚持说，异端分子必须被一劳永逸地清除出去；假如尼德兰人不愿意或不能自愿回到教会的怀抱中来，国王就准备让宗教法庭放手行事。

低地国家居民认识到了自己的经济实力，以破坏所有向国王交纳的税收作为回答；没有钱，摄政者就无法雇到士兵。不久局势就变得十分严重，除非带着一位武装卫兵，不然西班牙人就有生命危险。所有这些精明的有组织的反抗，正如菲利普及其妹妹所知，仅仅是由一个人造成的，也就是那位德意志人，他在没有获得任何支援的情况下，在各方面普遍击败了最信奉天主教的国王陛下。

菲利普像一位典型的西班牙人一样，随后想出了另一消灭他执拗的敌人的有效方法。亲王的头颅被标价悬赏。许多人梦想得到这笔数目不菲的悬赏，因为人们知道这一次菲利普准备给保付支票。对荷兰人的发展来说，幸运的是，暗杀者要么在找到机会扣动扳机前就被抓获，要么做事笨手笨脚，虽然击伤了亲王，却未能致命。奥伦治亲王痊愈了。最后，他甚至能够向既定的秩序发起一次影响巨大的反击，整个世界都将感受到他向

沉默者威廉一世 ▶

王家权威发起的攻击反冲力。

在1579年，亲王的弟弟约翰（奥伦冶—拿骚一系的创建者，现今王族即源出于此）就已劝信奉新教的各省结成某种防御同盟，该同盟后来被称为乌得勒支同盟。两年后，又一重大步骤确定了。1581年7月26日，来自联合省的代表在海牙举行集会，签署了一份在尼德兰疆界外不太为人所知的文件，但该文件在某一方面甚至比《大宪章》还要重要，因为它认可了某些明确的政府原则，该原则在200年后将被收入美国人自己的《独立宣言》之中。

下面是这一著名的《誓绝法》的少量节录。该法当即被译成几乎所有欧洲语言，在欧洲大陆各地广为传播。这样世人都可以知道，在非理性的狂热之际，联合尼德兰人并未采取行动，而是在这一极为严重的"人民对其合法君主"案件中最小心翼翼地权衡正反所有因素。

这一神圣的《誓绝法》所隐含的总原则概括在其导言中：

"众所周知，一位统治者应上帝之召治理其臣民，就像牧民应召照料羊群一样；同时，自时间一开始就适用的是，人民并非为其王公的利益而存在，而是王公为了保护和促进人民的利益存在。"

起草这一具有挑战意义的文件的是某位叫马尼克斯·冯·辛特·奥尔德贡德的泽兰贵族，他的产业位于离费勒城不远的地方。奥尔德贡德作为《拿骚的威廉》一歌的作者而获得永久声誉，这首歌后来成为共和国的战歌，尼德兰王国成立后成为王国国歌。他还不时充当威廉的捉刀人，这一职位对他极为合适，因为他古典知识丰富，对他所处时代的总的政治体制极为熟悉。

在这一《誓绝法》中，辛特·奥尔德贡德深入发掘了古代历史，并通过许多雄辩的例子证明，自时间开始，人民就有消除威胁到其自由公民的自然权利和任何种类暴政的自由。这是现实政治领域内一种新的声音，或者不如说是一种几乎为人们遗忘的声音，因为即使在中世纪时期，欧洲人一直对不仅属于他们自己，而且属于他们的妻子、子女、孙子以及直到时间结束前他们未来的所有后代的"不可分割的自然权利"有所意识。

辛特·奥尔德贡德的《誓绝法》在经过这几百年后仍令读者心血沸腾。我敢肯定，托马斯·杰斐逊在他最雄辩的时刻也不可能超出奥尔德贡德一筹。1743年，波士顿的萨姆·亚当斯申请哈佛硕士学位时提交的论文题为："假如自治体除此之外别无其他方面保存自己，反抗最高执法官是否合法。"我一直怀疑，他对这一文件熟悉到什么程度。我倒认为他了解它。另外看来可以肯定，托马斯·杰斐逊和其他与我们自己的《独立宣言》有关的多数人都读过《誓绝法》。它在今日美国如此不为人所知，在我们谨慎地强调《大宪章》的重要性时罕见提及它，其原因何在，似乎有些令人费解，但1581年的荷兰《誓绝法》作为近200年后我们《独立宣言》的"原材料"，非常值得注意。

起草人对以前30年发生的大事做了简短的历史回顾，并郑重地宣布，鉴于他的许多有违不同省份宪法特权的赦令，西班牙国王现在在法律上放弃了君临尼德兰人民的权力，因而这些臣民现在不再受从前的臣服誓言的制约。

就这样，他们取得了令世人瞩目的成就。因为在这里，在现代史上第一次，神意指定的一个人———一位承蒙天恩的君主———被头朝下地打翻在地，像一位不称职、不诚实的仆人那样被打发回家。就连他的铺盖卷也未交还给他，因为这些富强省份的税收现在直接归属荷兰议会。他们作为人民的代表，把这些收入用在雇佣那些陆军、装备那些海军上，打算依靠他们在地球的各个角落袭击自己的受臣服的领主，借助他们消灭他的王朝，直至王族的最后一名成员欣然在我们现今的纽约找到汽车销售员职业。

此时菲利普失败了，威廉则通过他灵敏的政治感，通过他对自己能引导同胞做什么事及最好让他们不受干扰的本能感觉，获得胜利。他作为争取独立力量的普遍公认的领袖地位现在已根深蒂固，是所空职位的当然人选。唉，不同省份政治领导人间猥琐的妒忌心理（一群从不长进的东西），以及那一时期人们极为典型的对"合法权威"内在的尊重，仍使议会犹豫不决，迫使他们再度寻找一位王家血统的统治者。他们试了试法国国王的兄弟，但他被证明完全靠不住，几乎把国家出卖给敌人。直到最

《誓绝法》被译成几乎欧洲所有语言。

后，议会打算由某些在位王族中寻找一位真正亲王均以失望告终。因为他们往往把尼德兰视为一个可爱的财源，绝望之后，他们决定做件明智的事，请奥伦治的威廉任联合尼德兰的合法统治者。

唉，在这最后一步措施采取之前，自时间开始就一直是所有人类关系中决定因素的年迈的命运女神，参与了事态的进程，并通过其最不受欢迎的干预完全破坏了正常发展的前景，这种正常发展将会给予这一国家一个完全确定的政府形式，使它不至于受自私自利的派别和野心勃勃的官员的制约。

这么多年来亲王一直生活在死亡威胁之下。西班牙国王颁布赦令，宣布他为公敌，这一赦令并不是无人遵守，不到一个月，某些热切的狂热分子就着手进行小型的个人谋杀。所有这些追求名誉和财富的人都未能取得成功，直至1582年，威廉前往安特卫普，以做进一步努力，把北方和南方各省联合在一起。

一位出身于巴斯克的贫穷而智力有缺陷的神职人员受一位破产的西班牙商人和一位绝望的狂热分子的雇佣，向亲王开了一枪。子弹由右耳进入，由下颌左侧穿出。初看上去这必定是致命的，在西班牙，一些王室成员欢庆这位"真正基督教信仰的大敌和破坏者"之死。

那一时期的医学科学不知道如何治疗这样一种复杂的伤病，只是不停地把一块绒布塞入伤口以止住血液。

一连几个星期，刚刚从产子中恢复过来的亲王之妻，波旁的夏洛特，都坐在丈夫旁边，拒绝让其他任何人进行照料。她救了亲王的性命，但在病人能够参加庆祝自己康复的感恩仪式当日，不幸因心力衰竭而死。

作为一大群孩子的父亲，亲王需要一位女人充当家庭主妇，夏洛特死后，他选中的是一位能力出众、极其高贵的人，此人即路易丝·德·科利涅，她是法国豪侠的海军上将的女儿，这位上将作为法国新教领袖，成为圣巴托罗缪节惨案中第一批受难者之一。

经历过这一次差一点丧生的事件后，亲王认定最好离开安特卫普，移到代尔夫特。代尔夫特虽然狭小，却是荷兰省内设防最密的城镇。它不仅易于防守，同时陌生人到城里来易于引起注意，那时可以严密讯问他为何到这里来，看看他们是否有权待在那里。

这时到了1584年7月初。最近几年来，人们看到一位陌生人在被改造成亲王及其全家住所的原修院附近闲逛。他当然受到盘问和严格调查，但他提出了一个完全可以接受的为何到这里来的理由。他说自己叫巴尔塔扎尔·热拉尔，是位法国人，在其故城反加尔文教大屠杀中全家丧生，仅余他一人。

这一模糊不清的故事是他从特利尔的一位耶稣会教士学到并背熟的，后者在复活节不仅聆听他的告罪，而且在此同时赦免了他不久以后就将犯下的罪孽。在其精神导师眼中，这不是犯罪，而是一个极其高尚的行为，理应受到所有诚实的基督徒的赞美。

热拉尔先生必定是位出色的演说家，因为亲王的宫廷宣道师考了他有关加尔文宗信仰的问题，得到的全是令人高兴的消息，证实了这位外表不体面的来访者真的是教皇派暴行不幸的受害者。至于他为何住在代尔夫特，他汇报说他是应亲王自己在巴黎的代表邀请而来的，说他向亲王带来有关他伟大的好友安茹公爵最新近况的消息会让亲王陛下高兴的。安茹公爵近来染上了结核病，这种病在他母亲一方的人中即美第奇家族成员中极为流行。

这个故事在各个方面都严丝合缝，没有破绽。荷兰官员完全被这位所谓的使者骗住了，竟允许他造访卧室中的亲王，让他当面向亲王叙述有关安茹的最新消息的所有细节。实际上，他对这些情况一无所知，但别人也都不了解，谁能指出他是骗子呢？

7月8日，这位年轻人又一次被发现走过亲王住所的过道。人们问他这么早到这儿来干什么，他说他和亲王打算去举行晨祷的教堂。由于教堂恰巧位于穿过亲王住所的教堂对面，这一解释被接受了，无人做进一步深究。但某位好奇心强的人问他为什么不经由前门穿行，他回答说他绝不敢这么做。看看他穿的衣裳，衣裳破烂不堪，他连在公众前露面都感到害羞，更何况在亲王面前呢？

人们向威廉汇报了这一切。他一向宽厚为怀，就送给这位法国难民足够的钱，让他给自己去买返回法国的全套用品。可怜的难民深表谢意，当即用那位慈善家给的钱从一位卫兵手中买了两把手枪。随后他请某人去求亲王发放一个安全通行证，这样他在回归故国时就不必遇到荷兰官员的麻烦。这一请求送到了亲王的秘书那里，亲王承诺在次日即7月9日下午开通行证。

在指定的时间，凶手再次来到了亲王门前，亲王的妻子在经过大厅时注意到他，被那人的表情吓坏了。她说："那是一位卑微至极的人，我不信任他。"亲王过去安慰她："他只是一位可怜的法国难民，是位因自己的信仰吃了许多苦头的诚实的加尔文教徒。"

当日亲王有位客人，名叫冯·厄伊伦博赫，他是弗里斯兰吕伐登市市长。另外，他碰巧是画家伦勃朗未来的女婿。在吃午饭期间，两人讨论了弗里斯兰的政治局势，随后准备回到住室去。就在那一时刻，等待已久的刺杀由隐居处跳了出来。他同时扣动了两支手枪的扳机。一粒子弹穿过了亲王的肺部，另一粒子弹刺穿了亲王的腹部。

威廉倒在了地板上。他认识到这一次敌人成功了。他面朝上躺在其马夫的双臂上，把自己的灵魂交托给他，喃喃说出其最后的祈祷："噢，主，可怜我的灵魂和这些穷人吧。"此外他又说出几个字。当他妻子问他是否为基督而死时，他喘着气说"是"——此后一切便结束了。

菲利普国王达到了直接目的。他的敌手死了，但最终胜利仍归属他的对手。在此后300年间，威廉创建的国家将成为世界上其他所有地区因其信仰受到迫害的所有人的避难场所。他们中有些人是幻想家和狂热分子。但其他许多人是务实的人物。当他们驻足荷兰土壤时，他们带来的不仅有所穿衣物，还有他们得以在其出生国家升腾的知识和经验。他们热切地进入他们新祖国的生活，是最早创建那些大型外贸公司的人之一，这些公司最终将把西班牙旗子从所有海洋上拔掉，把西班牙降为一个五等国家。

把基督教由其最凶恶的敌人解救出来，酬报实际已经支付了。我很高兴地说，这不属于刺客本人，他当即被拘押。那时人们发现热拉尔先生是一位办事非常有条理的人，因为人们发现他小心地准备了两个猪气囊。这些气囊将在他游过运河时助他一臂之力，这样他就可以安然抵达对岸，他在对岸藏着一匹马，也是用亲王给的钱买的。

在经过细致的审讯（在审讯中荷兰当局尽力去弄清谁是热拉尔的共犯）后，刺客被以当时人所能采取的最残酷的手段处死，在这一次

宗教狂热分子。

他们远远超出了以往历次。我不向你们谈论细节了。这是威廉本人所不能容忍的，但他不再在那里讲仁慈的话语了。

热拉尔受到的处置往往被那些试图证明加尔文宗信徒并不比其对手要好的人枚举出来进行严厉批评，但它并不比近四分之三世纪英格兰弒君法官们出于肯定更少的正当理由做出的事儿要糟。与威廉不同，查理一世被处死实属理所应当。确实，他自登基之日起就为此努力。在一个方面，声名狼藉的法国国王比其英国受难同行要幸运多了。他的头颅被留在断头台上，直到鸟儿啄走双目，其余的部分腐烂。而这位刺杀威廉的法国恐怖主义者的头颅当即被当地某些狂热的天主教徒盗走，小心谨慎地运到科隆，很长一段时期内在那里被尊为珍贵文物。

更令人难以置信的是，一场把刺客上升到圣徒地位的运动开始了。然而，经过一段不长的时间后，较明智的天主教徒开始认识到，支持这一不值一提的人物对自己的事业没有多少好处，忘掉他倒对自己的目的更为有利。

我已经告诉你们，付给受雇杀人者的酬金支付了。它属于杀人犯的母亲和他的兄弟。他们的贵族特许状存在了两个多世纪，在法国人革命期间才被免除。罗伯斯庇尔及其战友在让人流点血方面并不是十分审慎，但他们是有区别的。至于尼德兰后来的事态发展，从未有一个人像亲王那样受到如此的普遍尊崇，同时，他一去世，旧有的各省的敌对情绪再次猛烈地爆发出来，虽然荷兰共和国的所有官方文件都强调这一事实，即"我们力量唯一之所系是联合"，但随即被赋予治国大权的商人们彼此之间妒忌心重，无法克服他们的恶意而全心全意地为共同的目标而努力。

就这样，联合尼德兰好景不长。随着时间的推移，它逐渐退化成为一个争执不休的社会，各掌权派别纷纷为自己攫取所能攫取的一切，而把共同的福祉抛在一边由魔鬼照料。在这种场合，魔鬼从未远离，总是蠢蠢欲动，随时准备推波助澜。

现在我们谈谈乔治·华盛顿将军。关于他，人们著述甚多，此处仅作极简单的介绍。

在地质学领域，有时会出现一层岩石穿过另一层岩石的情况，那时要确切断定所发生的事，需要专家来进行。同种情况完全适用于历史。一种并非不常发生的事是，一种特定的文化或经济或社会层面由世界的，一个部分移到另一部分，但作为一种通则，它发生得极其平静缓慢，任何人都难以注意到变化。随后本土裸露的土壤发展成为一种与旧文明完全不同的文明，但这同样发生得极其缓慢，引不起人们的注意。等到那一关键性时刻到来时，人们才突然认识到，虽然他们表面上仍讲同样的语言，依然忠于同样的旗帜，仍然被认为崇拜同样的神祇，但他们彼此之间已没有任何共同之处。此后他们越想向邻居辩白自己，说明自己的动机，他们越难做到这一点。

就以我们自己为例吧。只是到了17世纪我们才开始怀疑旧英格兰和新英格兰之间出了什么事。最终结束了路德宗—天主教大争论的和约规定，每一位诸侯有权决定信奉什么样的其臣民必须顺从的宗教信仰。当然，那只是一种不宽容情况下出现的那些"绝望的妥协"之一，如果欧洲人基于其宗教信念继续互相残杀，欧洲就不可能存在下去。任何种类的安排都比持续不断的战争要好，因为它至少能够使人们从旷日持久的杀戮状态中获得暂时的喘息。灾难性的"我接受他的统治，也就接受他信奉的神祇"的原则被视为一个十分明智的解决办法受到欢迎，认为它值得所有良民的支持，不应再表示疑问或进行争论。

亲王正由楼梯上走下，刺客在等待机会。

但事实上，该妥协方案只是另一匹特洛伊木马，里面满是奉行极权主义学说的党徒，当他们由其不舒适的隐身地费力地爬出来，伸展开手脚，他们就爬到欧洲所有城镇村落中爱好和平的居民头上，向他们提出两种选择：要么接受其新主子的独裁专制，要么在自己的门厅中被吊死。

当时旧的欧洲大陆被交由十几个互相争夺的王朝任意支配，当时中世纪自治政府的最后残余面临完全毁灭的危险。在少数几个瑞士州和几个荷兰省份，人们不时继续实行自治（在某种程度上，因为金钱一直在政治中起很大作用），正在那时英格兰进行高贵而光荣的尝试，以建立议会相对王室权力要求的优势地位。

我在此陈述的观点可能有些过于现代。中世纪人对全能的上帝和同样全能的世俗权威之源的信仰仍构成多数人精神和知识构成的一部分。国王仍被尊崇为上帝指定的所有尘世权威的体现，因而是不能受到任何指责的。就连宣称要他不接受西班牙国王菲利普为低地国家统治者的《誓绝法》（不接受他的原因是他不是一位忠诚的牧民），在许多人眼中依然是过于大胆地干预宇宙的正常进程的法令，他们认为，在这一宇宙中，天意注定一些人要负统帅之责，其余人则必须服从。

然而，此时在这一主题上有了一些持不同看法的明确的先辈，英格兰人则最早利用了他们。因而，在王室及其臣民之间出现了长期的斗争。好心女王贝丝在内心深处与她亲爱的堂姐苏格兰的玛丽一样是位专制君主，但她非常聪明，没有表露出自己的真实情感。她知道如何用令人愉快的温和行为冲淡其专权本能；倘若她偶或严厉叱责其子民，他们也极为温顺地接受。如果她不能不时地向其子民发发火并打他们几个耳光，那么要这样一味甜美、充满深情的母亲有什么用呢。

但是，在老妇人与世长辞、王位由其堂姐玛丽的儿子继承之后，快活的英格兰出现了重大变化。斯图亚特王朝由爱丁堡移至伦敦，但作为苏格兰人他们从未完全了解其英格兰臣民；同时，随着他们来到英格兰首都，在那里出现了一种导致半个世纪持续不断的摩擦的变化，它反过来为自由、独立的美利坚合众国奠定了基础。因为英格兰生活中那些预见到事态发展的那些派别对维持他们适当而幸福地发挥作用所需的自由和特权感到失望，同时看到自己没有机会躲开外来的苏格兰君王，他们开始寻找另一个隐居地，希望在那里继续按自己的生活方式生活，而不会遇到地方行政司法长官不断光临和客客气气地邀请他们去伦敦塔、在那里静候国王陛下的兴致和（最可能是）他的刽子手的情况。

当一个精疲力竭的国家对自己的统治者感到厌倦并派人去请荷兰人威廉进行必要的改革时，看来有了一切好转的良机。但很不幸，患头痛症的威廉存世时间甚至不如奥利弗·克伦威尔长；他去世了10来年后，英国王

25

权落入一个次要的德意志王朝手中，后者在其寄养地用了200年时间才最终忘掉了其粗声粗气的条顿口音，能够用威廉·莎士比亚的言语多多少少表达清楚自己的想法。因而，仅仅从政治观点看，汉诺威王室取代斯图亚特王室并没有什么收获，逐渐在旧世界的英格兰和新世界的英格兰间产生了难以弥合的裂缝，只有一场战争才能解决问题，这场战争被称为美国革命（独立战争），它孕育出我们自己的共和国。

乔治·华盛顿的祖先自北汉普顿郡来到美洲。1658年他们移居新世界，该年乔治的曾祖父告别了英格兰的白色岩崖，在弗吉尼亚的布里奇斯克里克定居下来。他死于1676年，微薄的地产由其子劳伦斯继承。

劳伦斯的次子奥古斯丁是在大洋的这一侧出生的，与父亲相比，他在其新的环境中更感到像在家里一样。他领会了这一新国家的精神，看到开一座铁矿和一家炼铁铺比家族所有成员过去所做的事更能生利。到那时为止他们一直满足于为伦敦市场供应烟草，这是风险很大的行当，因为它使他们完全处在英国代理人的支配之下。

当然，由土中开采铁远不像监督懒惰而不情愿的黑人奴隶那么彬彬有礼，但所能获得的利益要多得多。在英格兰受训结束后，奥古斯丁在弗雷德里克堡附近定居下来，后来娶了两个妻子（当然是一个接一个），第二个妻子玛丽·鲍尔给他生了六个孩子，长子教名叫乔治。

该男孩儿以那一时期通常的方式长大。当地教堂司事教给他写字，后来一位男校长受聘教给这位年轻绅士一点拉丁文。乔治对数学很感兴趣，但数学并不算18世纪中叶（乔治生于1732年）弗吉尼亚的教育体系中正常的课程，他不得不自己想办法。他后来把其科学研究扩大到实用勘探领域，这一了解如何绘制和使用地图的知识对他后来应召率领反叛的殖民地

　　华盛顿建立起了美国的共和国：正是这位弗吉尼亚种植园主，把我们由外国统治下解救出来；正是这位南方贵族，开始领导我们进行自治的高贵实验，而他之所以能做到这一点，是因为他在某一特别的方面远比同代人先进；他更多地以神的尺度而不是所有其他把荣誉和成功合在一起的限定因素为根据。

军队时极为重要。

在那一时代，男孩儿到了14岁就被认为可以自立。结果，他同父异母兄弟奥古斯丁让他在现代年轻人甚至未想到选择一个职业时的年龄主管一些种植园。前者自其父亲去世后一直是家长，他认识到乔治具有一个出色管理人员的天分。乔治喜欢他的新生活，因为它意味着行动。他一直处在动的状态，考察账目记录，雇佣和解雇监工，购买和销售作物与奴隶，学习有关烟草的一切知识，试验新型耕牛，总的说来使自己有用，直到到了17岁成熟的年纪，他被认定适于出任公职，被任命为费尔法克斯县的助理公共勘测员。这一好处是友善的托马斯（费尔法克斯领主）授予他的，他在谢南多厄谷地得到了500万亩没有多少价值的土地，终于决定越洋前来亲自察看他的财产。他此时住在波托马克河沿岸优质地产上，这里离第一位赴美的华盛顿家族成员即约翰开始在美冒险生涯的种植园不远。

正是在出任公共勘测员的这一时期，乔治·华盛顿对莽原生活有了彻底的了解，对这一新世界面积之广袤有了某些认识，当时殖民者仍急切地固着于沿海一窄条土地上。但这些无忧无虑的岁月于1752年突然中断。该年他的同父异母兄弟劳伦斯去世。虽然他可能像对其生涯中的其他职司一样喜爱现有角色，但仍不能不辞掉它。

就一个家族而言，华盛顿氏易于心脏不好；劳伦斯从未能从他参加的攻打西班牙人城市卡塔赫纳的战役中的困苦中恢复过来。卡塔赫纳位于南美洲，今天属于哥伦比亚共和国。他在那里的舰队上服役；舰队由爱德华·弗农将军统领，他作为"老格罗格"命令水手不得直接饮用朗姆酒，而应在酒中掺水后才能饮用，这样他们就不至于像过去直接往喉中灌原汁酒时那样严重丧失战斗力；此举使弗农在英国海军中获得了永久性恶名。

这一远征卡塔赫纳行动未能实现使英格兰成为加勒比海主人的目标（这不是弗农的错，而是由于他的多数同事不称职）。但劳伦斯·华盛顿与其指挥官在战斗中结下了友谊，以至于劳伦斯把小亨廷克里克种植园更名为芒特弗农。

前面我已讲过，劳伦斯死于1752年。他把芒特弗农留给了其遗孀安妮·费尔法克斯，但她在同年再嫁给李姓。安妮把地产出售给了其小叔子乔治，后者当时23岁，开始了其牢靠的婚姻和精明的投资生活，最终将成为弗吉尼亚最富有的年轻人之一。

但在同时乔治还做了其他一些事，它们进一步为他不久之后应召扮演的角色打下了基础。

1753年，丁威迪总督任命他为少校，派他带着命令到蛮荒的西部寻找法国军队统帅，后

美国独立战争胜利。

者由加拿大陆地行军，占领了俄亥俄谷地的大半地区。华盛顿少校的任务是提醒其法国同行，他正在骚扰英国所属地区，应当尽快离去。

华盛顿在这一场合是靠自己的森林生活熟巧技术，还是靠天意，或者他的翻译雅各布·范布拉姆来引路，我说不清楚，但他确实不辱使命，找到了要找的人，递交了照会。法国人有风度地请他在一堡垒（现为沃特福德镇，属于宾夕法尼亚州）中就餐，但至少说在目前，他及其所率法国部队打算待在原地不动。

法国人拒绝撤出其力量导致他们与英方发生摩擦，这些摩擦反过来导致战争。在这一冲突中，华盛顿未能得到缺乏纪律的殖民地军队的有效支持，被法军俘虏，直到签署承诺称英国人至少在一年内不在俄亥俄谷地试图建立任何设防工事后才被释放。

在其非正规部队失败后，伦敦当局派出了正规部队，希望这次能交好运。1755年2月，爱德华·布雷多克将军抵达弗吉尼亚。与其他多数当地军官一样，华盛顿已从军队中退役。他为何采取这一措施呢？原因在于这些在美洲出生的战士不满于被视为"殖民分子"。"殖民地"军官无法获得与旧英格兰出生的军官同等的报酬，不论他身居何职，殖民地军官都被认为低于一位得到国王直接委任的小年轻。

正是此类行为——所有英国人对所有非英国人都持一种高人一等态度的压抑不住的习性——在美国独立战争爆发中起到了比多种航海税和印花税都要大的作用。但英格兰在一个半世纪后才了解到这一点。

上苍知道，这些殖民分子没有理由感到比其伦敦上司高人一等，布雷多克将军虽作战勇敢，身先士卒，但作为骑兵卫兵统帅对荒原作战不清楚。100年后，他们将对巴拉克拉瓦周围的地区的地形学不熟知，如果不是由于华盛顿的功劳，英格兰远征军几乎无一人能够生还。可能预料到会发生什么事，华盛顿在最后又一次被编入部队参加战斗。

结果华盛顿上校被任命为统帅之职，负责弗吉尼亚所有部队。这一切是否让英国正规军接受教训啦？没有。因为，当获得殖民地任命的职位的乔治·华盛顿让一位国王任命的仅仅是上尉的军官按他的吩咐行事时，那位上尉告诉他跳到湖里算了。为了纠正这一凌辱，华盛顿不得不一路兼程到了英军总司令所在地波士顿。

这一次他获得了胜利，但正是那种难以谅解的蠢笨无知使殖民地居民一直处在恼怒状态。因而，这位身体在参加荒原战役中严重受损的弗吉尼亚人一找到机会即退出现役并拒绝再在英国官场做任何事，是完全可以理解的。自那时起他打算去过种植园主的平静生活，世界无论好坏，均与他无关——他对世上发生的事不予关心。林间的军事帐篷至多是一个相当可怜的权宜之计，而他位于他钟爱的弗吉尼亚的家园会让他忘掉他早年戎马岁月的艰辛和不适。

当然，没有一位妻子是不能把种植园治理得井井有条的。但合适的妻子难觅，此外，华盛顿在男欢女爱方面从来就不是很成功的。虽然他身高6英尺（约1.82米），非常乐于完全适应他碰巧出生在那里的社会的风俗习惯，并分享当时所有时兴的乐事，诸如跳舞、打猎、饮酒和到最近的美国新教圣公会教堂做礼拜，但是，正如我们这些6英尺高的人极为了解的那样，女人，不论什么样的女人，都更喜欢小个子，她们在他们跌倒并伤到自己时能让他们站起来，能把他们用手抱走，进行爱抚，直到他们再次露出笑容，说："我感到好多了，现在我要去给你找一个男子同性恋者（采雏菊）。"

乔治·华盛顿不是一位同性恋者。一位在其前24年岁月里参加过两次荒原战役、参加过半打战斗、身受过种种疾病折磨的人易于成为一位相当严肃的人，这当然在他试图赢得某位弗吉尼亚美女时不会有太大裨益。最后，在完全失败后，他决定现实一些而不再浪漫，娶了一位同为种植园主的丹尼尔·帕克·科斯提斯上校的遗孀。玛莎·丹德里奇·科斯提斯是位两个孩子的母亲，在威廉斯堡附近拥有1.5万英亩土地，银行里有6.5万美元的存款，还有150名奴隶。玛莎·科斯提斯还是一位非常热心肠、善解人意的伴侣（在未来岁月里她要更充分地展示出这一点），是位出色的家庭主管，对一位身居最高位的人来说是位慎重、忠诚的妻子。最有利的是（在这类事中唯一真正的考虑），她给了她丈夫最关心的一切。她提供给他一个井井有条的家。他可以在那里随时招待他想带来的所有朋友；她使他免于为那些需要谨慎处理的琐事操心，对一位真正有事可做的人来说，这些琐事令人疲惫不堪。

在结婚15年后，华盛顿终于得到了属于自己的东西。他被赋予一项任务，把大洋这岸的新英格兰重组为一个国家，该国在旧有的英格兰海上势力一旦衰落时能够取而代之。

其余的就是历史了。在这方面人们讲得既多又彻底，我就不再浪费时间复述大家都知道的事了。在英格兰，与政府相关的人看来都没有抓住这一事实，即国王面对的人是那些英格兰人的精神后裔，他们在一个半世纪之前就已让自己摆脱了一位头戴王冠的人。在新英格兰许多地区流传着一个故事，说在面临一场大屠杀之际，如何突然出现一位白发老者，不知他从何处来，但身着过时的克伦威尔式制服，疲惫但有效地挥舞一把克伦威尔式旧剑，当即用它杀死了不计其数的敌人，其他敌人在害怕中四散逃走，再也没有露面。在突然现身拯救拓殖者之后，这位白发、白须的英雄静静地消隐在附近森林黑暗的边缘，从此再也未在凡人眼前出现。

　　这一传说比多数人怀疑的要具有更多的真实性。弑君法官和逃离查理·斯图亚特的报复、实际上消隐在美洲荒原求得安全的其他逃亡者可能人数很少。但他们的精神无处不在，隐含在许许多多人的心灵之中，他们完全不知不觉地是国王陛下善良、效忠的臣民。在美国革命爆发之前，倘

华盛顿将军靠在炮台旁

若统治英格兰的是个更聪明的人，甚或说仅仅是位平庸之辈，但至少能让自己身边是些聪明的顾问，一切可能都会得到拯救，革命可能不会爆发。但到那时英格兰真正的统治者已僵化成一种贵族制——变成一个苛严的等级——同时乡村贵族与日常生活现实脱节，以致除每年500英镑外，对他们来说世界实际上并未开始。那些褊狭的港口酗酒者和猎狐者到海外去，只是为了在回归时比启程时更能满足自我的要求。人们能够理解，奥利弗·克伦威尔的旧思想在那些乖戾的不顺从国教者的精神后裔中仍具有激动人心的影响，这些不顺从国教者竟胆敢举起其亵渎上帝的手反对他们承天命的陛下这一神圣人物，并——获得应有的惩罚！——被教训了一顿：其可恶的领袖的遗体被从坟墓中挖掘出来喂给狗吃。

华盛顿上校被任命为统帅之职，负责弗吉尼亚所有部队。

　　这在很大程度上是事实。伟大的奥利弗的遗骸不再能在威斯敏斯特教堂亨利七世小教堂中安歇，但他的灵魂仍在行进。它继续行进了六个漫长而危急的年头，直至1781年10月19日这一永远具有决定意义的日子，美利坚合众国军队总司令、来自弗吉尼亚的芒特弗农的乔治·华盛顿将军谨恭有礼地向英王陛下在南卡罗来纳驻军司令查尔斯康华里少将点头致意，告诉这位情绪低落的败军之将保留他的佩剑，因为他曾是一位勇敢的对手，而他们共同承袭的荣誉准则要求一个人对一位在战斗中正直勇敢、尽力而为、在胜利和失败时都表现得正派得体的败军之将宽厚为怀。

　　讲完这个不长的逸事后，我想我可以与将军再见了，因为你们现在明白他是什么样的人。同时现在一应证据齐全，我们可以用几句话概述他，因为在这一最伟大的美国人身上确实没有什么太复杂的地方。

　　乔治·华盛顿不是一位伟大的军事统帅，他谨小慎微，做事有条不紊，但缺乏亚历山大或拿破仑那样的军事天才。他不是一位像那样的有创造性的政治家，同时在进行外交协商时年长的本·富兰克林是他无可争议的老师，在那一方面需要精明、耐心和讨价还价的本领。作为一名演说家，他令人遗憾地缺乏有经验的演说家吸引听众的所有那些技巧。他也从未沉醉于我们现在可以称之为有独到见解的、创造性的思想。他天性是位保守分子，极不信任那些向他兜售法国大革命理想的聪明伶俐的年轻人。事实上，如果他能随意行事，他会把所有激进分子送回到他们原来的住地。他们搅乱他的建立一个井然有序、按部就班的共和制的看法，其中每一位男子、妇女、孩子，每一匹马、一条狗都应知道他、她或它在社会中的位置。他想要自由（freedom），但这是在先祖的英格兰盛行的自由。此后不久在未来共和国被剥夺了特权的大众中产生的自由（liberty）观念，他根本不理解，它是否很合他的胃口也值得怀疑。

不过正是他建立起了我们的共和国；正是这位弗吉尼亚种植园主，把我们由外国统治下解救出来；正是这位南方贵族，开始领导我们进行自治的高贵实验，而他之所以能做到这一点，是因为他在那一特别的方面远比同代人先进；他更多地以神的尺度而不是所有其他把荣誉和成功合在一起的限定因素为根据。

乔治·华盛顿是性格的体现。

韦伯斯特这样界定性格（character）一词："极其高超和具有强有力特征的道德品质；个性，尤其是因品德出众而为人注意的个性；道德活力或坚毅，尤其是通过自律而获得；对自己的本能动机加以遏止……"

我想我可以就此打住了。因为我对奥伦治的威廉和乔治·华盛顿的最终评论只需用一个词：character。

02 风流女性：伊丽莎白女王与西奥多拉皇后

为了不至于太不均衡，我们计划邀请两位女性成员，这样，拜占庭皇后西奥多拉和英国女王伊丽莎白就出现了。

到现在为止，我们邀请来的都是男人，吉米和露西越来越坚持认为我们应该注意一下她们这一性别了。"女士们什么时候出现？"吉米每到星期天都这样问我们。这倒不是因为她是个男女平权主义者。恰恰相反，一开始，她就认为历史上没有几个女人能合乎我们的邀请，能让大家在一起度过哪怕仅仅一个晚上。对这一点我们过去总是坚决否认（多半是出于礼貌，而不是出于武断），不过露西自然和吉米站在一起，我们也就从来没有过于坚持。

"午餐准备好了。"这个时候，恰好卡特耶把鼻子顶在门上，怯怯地说道。

"继续说，"我招呼大家，"一会儿，我也说说，我想我能说点有趣的事"。

我确实有些有趣的事要说，当我说出拜占庭皇后西奥多拉和英国女王伊丽莎白这两个名字的时候，大伙儿也都觉得一定很有意思。

我们的镇子从晨雾中出现。▶

　　现在，我将不得不说些不那么简单的事——我将尽我最大的能力为你画一幅西奥多拉出生时候的6世纪前半叶的画。

　　据传说，西奥多拉比她丈夫大约小10岁。因此，她应该出生于6世纪初的某个时候。她出生的地点如今无人知道。她可能出生于君士坦丁堡，也可能出生于塞浦路斯岛，当时拜占庭帝国就跟今天的美国一样是个世界性的国家，邻居们很少相互问起对方的祖籍和宗教信仰。倘若他们如此做的话，他们会发现他们的皇帝根本没有一点罗马或希腊血统，其实他出生在现今的南斯拉夫，小时候由他叔叔查士丁尼一世带到了君坦丁士堡，查士丁尼一世则是一位来自小亚细亚某个地方的文盲农民。

　　这位尊贵的君主和他的大多数前辈一样，是作为阿那斯塔修斯皇帝宫廷卫队指挥官后才坐上了皇帝的宝座；而阿那斯塔修斯是因为娶了芝诺皇帝的遗孀阿利亚德尼才获得王位的；而芝诺皇帝则是因为上面提到的娶了阿利亚德尼公主后坐上王位的，当时她还是处女，是利奥一世皇帝的女儿；利奥一世也是一位色雷斯的农民，他服从他的士兵们的愿望坐上王位，成为马西安皇帝的继承者；而马西安皇帝登上王位则是因为娶了狄奥多西二世皇帝的妹妹和继承人；等等。

倘若你从上面的事例中得出结论认为，拜占庭统治者的家庭生活并不如在历史上稍后一段时间的维多利亚女王和她和蔼可亲而博学的丈夫那样平和美好的话，你就猜对了，你可能会同意我的观点，即任何一位年轻女人若想与我们所说的"王位"发生关系，就要冒生命的危险。西奥多拉一定清楚地认识到了这一点，但她从小在她父亲的熊①中间长大，她觉得她能面对任何情况。当她睁大那双漂亮的黑眼睛的时候，她乐意去冒一些可能很不幸的风险（比如被捆在篮子里后被扔进博斯普鲁斯海峡），只要有机会有朝一日能获取王位，不管机会是如何的小。

她完全是平民的女儿，不会不知道运气只是你从这个世界中得到百分之九十的东西，但这又是什么呢？迄今她为自己做的事相当成功，没有理由说明好运气会停止对她微笑。她为了保持躯体与灵魂的一致，日子过得非常缓慢，她不得不像一个在竞技场里演芭蕾的唱合唱的女孩儿一样小心从事。当时，有一个富裕的拜占庭官员，在他将被贬到北非一个很差的省去做总督的时候注意到了她，他认为这个可爱的女孩儿将成为他孤独流放生涯时给他娱乐的最佳来源。

巧合出现了，西奥多拉乘船驶过地中海，作为这位总督的情人在彭塔波里斯定居下来。

那个时候跟现在差不多，利比亚沙漠中的一个小镇实在不是那种对一位年轻时髦女人具有吸引力的地方，西奥多拉不久就厌倦了她的情人和那个地方，她逃到了亚历山大。在亚历山大，她希望能找到更多、更有趣的

---

① 西奥多拉是个驯熊师的女儿，她是在马戏团中长大的。

生活乐趣，但是她的希望还是落空了，因为她在那儿生了个儿子，成了一位未婚母亲。

有关这个孩子的事，我们是从间接的来源获得的。西奥多拉坐上皇后宝座不久，一位年轻人从"阿拉伯"的某个地方突然出现，当时的"阿拉伯"与"非洲"这个词是一样的模糊，因为可能是在地中海南岸或者印度洋东岸的任何一个地方。这个年轻的小伙子急着叫皇后"妈妈"，并坚持要在感情、金钱乃至政治职位方面获得某种承认。这样，就如他突然出现一样，他很快就消失了，而且是消失得无影无踪，好像他从来不曾存在过似的。

这个故事，没有被臭名昭著的普罗科匹厄斯当作丑闻，用来恶意攻击西奥多拉，事实上，这个故事比较符合西奥多拉的事实经历，在她成名的前后都比较符合。她和古代斯堪的那维亚传说中的主人公一样，有着极强的报复心理，在她的经历中，任何时候所受的一切轻微伤害她都记得很清楚。她活得不够长命，来不及把她的敌人全部抓起来，那些不小心被她的私家侦探抓住的人付出了沉重的代价。

她的丈夫，在这方面应该比她厉害（别的方面可不是），但他很少能摧毁那些想害他的人。他那可爱的妻子因此看不起他，认为这是柔弱性格的表现。只是认识到他总归是皇帝，她只能偷偷地搞谋杀，当皇帝在花园里发现一名爱臣的喉咙已被割断或者一名宫女被扔进海里喂鱼的时候，他会非常吃惊。但皇帝已被热恋完全冲昏了头脑，根本没有提出任何令人发窘的问题。因为她像其他女性控制她的男人一样完全控制了他，她死了后，他不再去娶别的女人，据我们所知，他甚至不再去看别的女人。这就是同一个查士丁尼，作为东罗马帝国的伟大的法制家将永远被世人记住。从某种程度上讲，他是中世纪时期最初10个世纪中最杰出的人物之一，照今天流行的话来说，这个小女人一定有什么特别之处。

至于皇帝与他那位唱歌女孩的结合，遇到了许多困难。查士丁尼的叔叔一家（他从那里获得了皇位），听到他们之间的消息后没说一声好。他的阿尤费米娅皇后，一个类似维多利亚女王的拜占庭女人，得知有这样一个人要进她的家门后，非常惊恐，唠叨着要求助基督教法庭，催促恢复那条差不多已被人遗忘的法律，这条法律规定禁止拜占庭统治者与任何一个和奴隶阶层有关联的人结婚。对于这对情人来说，幸运的是，老太太在她侄子宣布他的订婚消息后不久就去世了。这样，由查士丁尼叔叔一个人来处理这件事了，可是他所能做的还不如他妻子。再说，他未来的侄媳妇是个非常漂亮的女孩，当她用一双大而黑的眼睛看着这位老头儿的时候，他或许愿意把整座都城都给她，只要她开口要。

此后，一切进展顺利。倘若受到足够的压力，教会将会出面。元老院成员也能施加点影响（拜占庭还保留着罗马帝国的政体）。皇室顾问当然也能施加影响。好在当时有关禁止拜占庭皇帝与下层女人结婚的法律已被及时废除，查士丁尼和西奥多拉便结了婚，而且幸福地在一起生活了将近四分之一个世纪。

注意到这两位皇室夫妇在性格上完全不同，在许多内外政策问题上也有各不相同的看法，这么长时间的婚姻纪录是很不一般的。不管怎样，从政治这个角度看，历史对于这位女人是非常宽厚的。许多现代的作家似乎都同意这么一种看法，即如果没有她，查士丁尼永远没有希望能完成他所做的事。

也许，这位皇帝最大的优点在于他的尽心尽职和他处理许多棘手问题的能力。当查士丁尼看到罗马帝国的法律越来越复杂、繁多，即使是最博学的法官也会在这成千上万条法规和法令中迷路之后，他便着手整理这

古罗马的行省。

些法律、法规和法令，对其进行归类，在这方面，他获得了妻子的全力支持，不过她一点儿也不赞同他想向西扩展他的帝国疆界的想法。

西奥多拉的个人特殊兴趣是在东方。她喜欢奢华，她花大笔大笔的钱去买珠宝，坚持把宫廷装饰得非常美丽、富于东方情趣——这一切更像是塞浦路斯式的，而不是希腊式的或者斯拉夫式的。所以，她对反叛行为的残酷惩罚，以及她所建立的私人特务机构都具有东方色彩。凭借她的私人特务机构，她能获知所有关于讲到她的言论，不管是在首都，还是在外省。如果有报告显示哪怕是只有极少的可能危害到皇室安全，就会有秘密使者迅速从皇宫中派出去监控整个马尔马拉海。他们会很快前往某个不知名的地方，数小时后，他们会同样神秘的回来。这就是皇后喜欢的解决问题的方法。

当然，对于反对她的言行来说，她的行为并没有使她变为一个魔鬼，以她的嗜好和经历是很容易成为一个魔鬼的。特别重要的是，她从不让她的感情随她的普通感觉一起放任自流。慢慢地，她对于查士丁尼来说越来越有价值，他娶她为妻后就把她提升为帝国的核心领导之一，并使所有的官员不仅效忠于他本人，而且效忠于他的皇后。最终，在诸如革命和叛乱这些无法预料的困难面前，皇帝的妻子，这位最最典型的女人，勇敢地站在他的身边，跟任何男人一样无畏地投入战斗。

比如，如果不是她的话，查士丁尼可能无法在532年的叛乱中获救。这是一次由一场竞技比赛引发的所谓"奈基起义"（拜占庭人对于体育运动与我们一样的严肃），起义者的目标是要求全面的政治自由。在其被镇压下去之前，总共造成3万多人死亡。当时，暴民们试图冲进皇宫，幸亏皇后及时、有力地组织起为数不多的士兵和卫士，打退了暴民对皇宫的进攻，朝廷得救了。

这件事发生后，西奥多拉似乎变得越来越不依赖于她的丈夫，而皇帝也让她去干她想做的任何事，他最后开始感谢这位成为他妻子的洋娃娃似的小女人，在保卫帝国战斗中，她比狄奥多西二世在15世纪中期建造的、据称是攻不破的城墙更有用。狄奥多西二世建造的城墙原本希望不会重蹈旧城墙的命运，最后却被野蛮人征服了。

我有时候觉得，这位极不平常的女人，对于近年来，在我们这个共和国里，争取平等权利的过程中扮演了重要角色的国会女议员们来说，是最具宝贵用处的。可惜，不管怎样，我们这边将永远不会见到她的身影，因为她永远不会通过移民局的检查，道德上的堕落将使她不得入内。

从佛罗伦萨出发，坐车3个多小时，直穿过亚平宁山脉，就到了拉文纳。这是一个沉闷的小城市，当你在拜伦大饭店吃完不好吃的实心面后，我建议你一定要出来，然后去寻找在那儿随处可见的精美的镶嵌工艺品。

如今，拉文纳距离亚得里亚海大约6英里。但2000多年前，拉文纳是个像威尼斯一样的潟湖水城。而且当意大利的大部分地区还是农牧区的时候，拉文纳一度和威尼斯一样发展成为一个繁荣的商业中心。

在奥古斯都统治时期，拉文纳成了一个海军基地，是海军亚得里亚中队的司令部驻地，有一个能容纳250艘舰船的港口。不过，直到公元404年，拉文纳才成为一个城市。当时，罗马帝国皇帝霍诺里乌斯觉得旧都城不能提供足够的安全保障，他便带着他的朝廷来到了这个设防严密的亚得里亚海边的港口，在这儿，一旦陆路被切断，还可以从海上逃走。

不久，发生了一件5世纪时期最有影响力的事件。公元476年，最后一位具有纯种罗马血统的罗马帝国皇帝——有着可笑名字的罗姆路斯·奥古斯塔拉斯（昵称），被他外籍卫士、一个名叫奥多亚克的条顿人首领推下了皇位。新的统治者对这位可怜、英俊而不堪一击的年轻人产生了怜悯，因此饶了他一条命，让他在一座别墅里度过余生。那座别墅位于那不勒斯湾岸边，是有名的发战争财的投机商、最出名的早期美食家卢库卢斯几百年前建造的。数年后，奥多亚克同样的被一个名叫西奥多里克的外国人杀死，西奥多里克是东哥特人部落的首领，接受过基督教的洗礼，而且是个在君士坦丁堡受过教育的蛮族人。西奥多里克把拉文纳作为其东哥特帝国的首都，并在那里大兴土木，建造他自己的坟墓。考虑到当时的条件，这是一项了不起的工程，以墓顶为例，整个墓顶是由一块直径为36英尺（约10.97米）的整块石头建成的。他们是如何用原始的工具和滑轮将其搬上去的呢？对不起，我们真的不知道。公元539年，东哥特帝国被拜占庭将军贝里萨留推翻了。拉文纳便成了东罗马帝国辖下的所有欧洲领地的首都。此时，不管是建筑方面，还是在其他艺术领域，拉文纳都留下了拜占庭的印

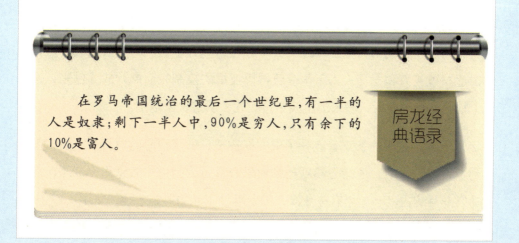

　　在罗马帝国统治的最后一个世纪里，有一半的人是奴隶；剩下一半人中，90%是穷人，只有余下的10%是富人。

房龙经典语录

记，正如我们从罗马附近各省的遗迹中获得的有关罗马竞技场和罗马公共建筑的情况，要比从罗马城本身获得的情况更多一样，由于十字军和土耳其人对君士坦丁堡一切美物的大肆破坏，我们在拉文纳和亚得里亚海两岸地区的一些小城中要比在君士坦丁堡更容易看到拜占庭艺术。

所以，拉文纳是值得一去的。假如某个人清楚他要寻找的东西。到了晚上，如果他喜欢的话，可以去听街上草在生长的声音。不过，极少有那些富有纪念意义的景点。在我们喜欢的费勒有奶牛和猪叫的声音，也有小男孩儿、小女孩儿拿着一盆盆生面去面包房烤面包，可在拉文纳没有这类给人印象深刻的景点。在拉文纳，你身边被美丽景点的遗迹包围着，而这些美丽的景点已经永远消失、不可再现。在那里，你能看到一个叫但丁的忧伤的男人，在这个无聊的小省城里孤独地度过余生，一个人在附近松树林里徘徊、冥想，偶尔也去看看他唯一幸存的孩子——他那位修道院里的女儿，他还在圣弗朗西斯科教堂里仔细挑选了一块地作为他自己的坟墓所在地。

或者，你还可以去拜访拜伦勋爵的影子，拜伦一直追求着某些事业，这使他忘记了童年所受的痛苦。此时，他正在听他最后一位至爱——特雷莎·圭乔利伯爵夫人说话，伯爵夫人曾鼓励他奉献他的生命和前途，去帮助她的意大利人民从可恶的瑞士人那里获得自由。我们还不能忘记忠诚的艾尼塔·加里波第，她陪同她丈夫一起在这里为了祖国的解放而战斗。自伊达拉里亚人和罗马人为了争夺亚得里亚海的控制权而展开战斗以来，这个地区湿热病蔓延，后来加里波第也病死在了这块土地上。

不过，聪明的参观者在抽了奇安提雪茄，做了浪漫的白日梦之后，等到黄昏降临之前，他会去参观圣维大乐教堂，因为这个教堂里镶嵌工艺品非常非常的古老，色彩有些变淡，需要落日阳光的照耀才能恢复生机。

西奥多拉喜欢奢华，她喜欢用东方的华彩装扮自己的宫殿。

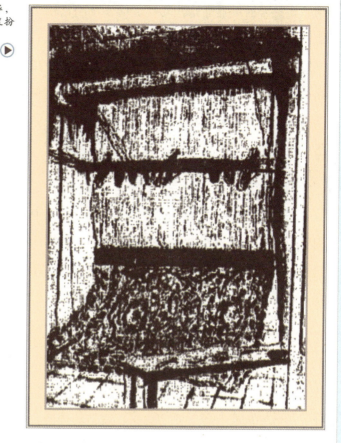

　　圣维大乐教堂是由西奥多里克开始建造，由查士丁尼完工的。在它建成后，被认为是建筑领域最精彩、最大胆的设计，这使得查理大帝照它的样子在亚琛建造了自己的教堂。按照现代的观点，从外表上看，它就和其他小镇上的教堂差不多，在美国中西部的任何一个稍好点的城镇都能看到类似的教堂。只是，参观它的人们从来不去看它的砖瓦。人们要看的是它里面的镶嵌工艺品，这些镶嵌工艺品在拉文纳作为一个城市和查士丁尼帝国西部省份的首都的时候就放在这里了，因此这些工艺品已有将近1000年的历史了。

　　镶嵌工艺品的制作工艺几乎已失传，就如猎鹰训练术和射箭术一样。

好多人甚至很难看懂这些彩色玻璃表示的是什么东西，抱怨这些图案刺激他们的眼睛，就像格里高利音乐烦扰他们的耳朵一样，或如呆板、缺乏生气的某些东西不合他们的现代口味。如你不想和这类缺乏教育的人在一起的话，你可以贿赂教堂司事许诺给他们看一些值得他们看的东西——"古罗马时代的裸体绘画"，将他们带走，然后，你就可以坐在一个安静的角落，欣赏两位陛下。

在圣坛的一边，你将看到查士丁尼皇帝，他周围围着公元547年就任拉文纳红衣主教的圣马克西姆以及他的侍从和卫兵。你会注意到皇帝的四周有个光环，这是他作为他前任的继承者拥有的权力，他的前任们在事业起步时同样被太阳神和他的光芒所笼罩。在这帮人的左边，你会看到成为查士丁尼的妻子，并与他共享命运和权力的那个女人。

这位君士坦丁堡竞技场里的跳舞女孩儿、这位非洲和西亚6个城市里的高等妓女，同样穿着表示权力和神圣的服装。她站在一个小喷泉前边，也许艺术家将她放在那里是为了求得平衡，因为图案的左边没有别的人像。那儿隐约有一条黑暗的走廊，显然通往内宫。一名侍女正在把门帘拉在一边，显示了另外一部分建筑，提示皇后陛下将回到她自己的寝室。一名等待着的女侍占满了嵌板的右边。一名神情严肃的侍女站在皇后的后边，纤细的手中拿着酒杯。皇后那双布满丑闻的脚从她那身沉重的礼服里稍稍露出一点儿，她头戴皇冠，身上佩着的珠宝足够买到一打的国王。可是，不久你将慢慢地只会觉着一种强烈印象。整幅图案将化为一双眼睛，一双西奥多拉皇后的眼睛。从这双眼睛中，你可以读到名为女人的神秘历史篇章。

她，后人动情地称其为"好女王贝丝"，其实是亨利八世与安妮·博琳并不希望要的女儿——因为她应该是个男孩儿而不是女孩儿。当时，在英国人中，希望有个男王位继承人的热望确实是如此强大和广泛，以至于现在我们错了，在谈论一个女人创建了大英帝国的时候，一些小说家们总要偏激地认为我们根据这些有学问的或者并不见得有学问的学者们的说法，看着王子平安降生的接生婆收受了一大笔贿赂、参与了历史上一次最不平常的欺骗行动，而且从来没有人能揭开伊丽莎白原本确实是个男孩这样一个秘密。

伊丽莎白出生时，没有人确切知道亨利是什么时候娶了他渴望得到的安妮。可能是1533年1月下旬举行的婚礼；不过直到同年5月才公开宣布他们结婚了，接着9月小孩儿就出世了。那些指望安妮·博琳不怎么样的人（包括大部分英国国民和她自己的大多数亲戚），无疑以这个有点过早出世的孩子作为可靠素材来散布一些绯闻。但是这并不能解释干吗要用一个女孩儿去替换一个男孩儿，而且当时大家都知道孩子的父母都祈求要个男孩儿。这仅仅使问题稍稍复杂一些，天知道呢，即使没有提到这一额外的秘密和迷惑，放荡的亨利国王的生活本身已够复杂的了。

现在，我们来看一段连我自己都看不清楚的历史。我指的是亨利八世的婚事。因此，我只好一页一页地翻开普鲁兹博士写得比较可信的历史简编，尽量忠实原文，一直讲我们下周的客人坐上王位为止，但是即使有这一保证，我也不能绝对保证完美无缺。

当伊丽莎白出生时，她已经有了一个16岁大的同父异母的姐姐，这是亨利和他第一位妻子阿拉贡结婚后的成果。当伊丽莎白3岁的时候，她母亲就以乱伦罪而被砍了头，而且在她狂怒的丈夫的眼里，仅仅不贞还够不上杀她的头。同时，安妮的女儿被宣布是个私生女，她可能确实是私生女，也可能不是，我们可不知道：在法庭外司法成员杰克·凯契徒然地挥着宝剑和斧子的时候，亨利却能哄骗他的红衣主教和法律顾问做出这些阴险的法律决定，过了这么多个世纪后，我们已经很难再去弄清楚其中的原因了。

伊丽莎白4岁时一定听说了她的同父异母的弟弟爱德华的出世，爱德华是亨利第三个妻子简·西摩生的。西摩比她的两个前任更不幸，在她儿子仅有12天时，得了产褥热病而死去。此后，伊丽莎白没能如她父亲希望的那样再有更多的同父异母的兄弟姐妹。不过，不管怎样，她有了另外三个继母。

首先是来自莱维斯的安妮（让我严格按记录写），她是个丰满的红脸德意志公主，据说是宗教信仰自由的维护者，当时正和教皇公开对立，支持德国的新教领导人。她根本不像微型画上画的那样，当时，欧洲在大陆上这场宗教争斗的鼓吹者们把她送到亨利这里，而亨利又马上将她送回到她来的地方。因为作为公主可以在3天后马上回去，当然不会像仓库里存着的商品

查士丁尼一世。

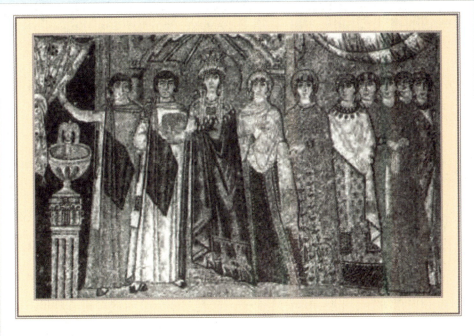

西奥多拉。

▲————————————

那样慢了。

接下来一位是凯瑟琳·霍华德（第五任）。她是在1540年伊丽莎白7岁时和亨利结婚。两年后，伊丽莎白的这位新继母遭到了与安妮·博琳同样的命运。她由于在与亨利婚前和婚后的"道德败坏"行为而被杀了头。在她这一案件里，语气好像很确凿。凯瑟琳·霍华德显然有几个旧情人，一个是他侄子，另一个是位音乐家，第三个——对不起，我忘了他是以何为生的。至于亨利与她结婚前为何没有经过更仔细的考虑，我们不太清楚。可能是他极想获得具有很大影响力的霍华德家族的支持，以摆脱某些困境。可是，婚礼刚举行后不久，国王的忠诚朋友克兰默大主教就开始进行私下调查。他先是向新王后的旧仆人打听，不久他通过贿赂一位客厅女仆获得了他想得到的一切情况。带着这些获得的消息，他跑到了国王那里，国王陛下听后立即发怒，处死了他的新王后，这至少影响了他的婚姻幸福。

他妻子的一个旧情人被关进了监狱，由于经不住严刑拷打，供认了一切。王后受到了同样的威胁，承认这位年轻人所说的都是真的，但她发誓自从与国王结婚后她是清白的。

这并没有对她有所帮助，1542年2月13日，她的脑袋落了地。当时，伊丽莎白9岁。

一年后，亨利娶了凯瑟琳·帕尔（普鲁兹将她列为第六任），国王终于找到了相配的人。这位曾经结过两次婚的女人没有做任何出格的事，最后，她成了亨利国王六个妻子中没被杀戮的两个中的一个。

我喜欢凯瑟琳·帕尔。她是个知道自己想要什么而且得到了想要的东西的女人。亨利一死，她就嫁给了她的第四任丈夫，爱德华六世母亲、亨利第三任妻子的兄弟，一个喜欢冒险的名叫托马斯·西摩的绅士。她结婚后的狂喜没有维持多久（其实，倘若她已经知道那英俊的丈夫正在追求她那位迷人的继女——伊丽莎白的话，她绝不会如此兴奋）。不过，这倒让凯瑟琳有机会完成了她唯一的一部文学作品，一本题为"对犯罪者伤心"或者"罪犯的抱怨"的书。我不想把它推荐给大家作为床头读物或者别的什么读物。这是本非常乏味的书。不过，这本书给我们显示了凯瑟琳·帕尔作为一名基督徒，非常严肃地尽了她的宗教责任。

在别的方面也是一样，这位好女人相当重视小主人的教育问题。当她成为王室主人后，她对王室子女非常和蔼、仁慈，对于这些孩子们来说，在他们年轻时候差不多第一次被当作人看待。玛丽年纪大了，没法坐下来接受合适的进一步教育，而伊丽莎白和小皇帝爱德华不再像犯人那样了，他们被送到哈特菲尔德堡，在那儿接受家庭教师的教育，而且还可以在公园和花园里自由活动。

只是，伊丽莎白还是被当作一名私生女，要不是因为玛丽身体不好，爱德华病弱不堪、活不多久的话，伊丽莎白（不管她是否合法）才不会成为填补王位空缺的唯一人选。伊丽莎白当时15岁，她显得生气勃勃。她并不太漂亮，但是身材很好，而且很聪明。除了这些优点外，她像孔雀一样自负、像都铎家族的人那样傲慢与专横。照理，她应该对她的新的地位心满意足，除了有时有点不太自在，因为她得提防她的继母与恩人凯瑟琳·帕尔的最后一任丈夫的追求。

这位年轻的绅士在追求妻子前任丈夫的女儿时，并不单单出于爱情冒险。爱情冒险无疑是非常好的好事，但它被排在第二位还有别的考虑。托马斯为他的将来做了小小的计算后，马上就有了主意。假如他妻子死了，假如爱德华死了，假如玛丽死了——那么，他只需与伊丽莎白结婚，就能成为英国的国王，这是如此的简单！

要是托马斯·西摩考虑得更周到些、做事更谨慎些的话，这个极妙的小计划也许会成功。但是当他妻子死后不久，他给自己惹了很大的麻烦。作为英国海军的头领，他放纵自己组建了一支私人的私掠船队。作为16世纪后半叶时期的海军舰队司令，做些私掠行为不算什么严重的事。但是，自己的私掠船队却与政府的官方私掠船队产生了直接竞争。因此，跟现在社会一样，英国法院对这一事件进行了严密调查。最后托马斯·西摩丢了脑袋。

托马斯死后，伊丽莎白差不多过了4年的快乐日子。其间，她的朋友和亲戚当中，没有人再来打扰她，也没有听到没完没了的无聊问话："下一位该是谁？"所以她能自得其乐。她那位和蔼的同父异母兄弟爱德华还在王位上。而他那位不太和气的同父异母姐姐玛丽正坐在她的卧室里祈祷，泰晤士河两岸一切都显得很宁静。可是，在这"尽情欢乐"的外表下面，一些绝不快乐的事正在发生。

托马斯·西摩先生（我前面提到的那位）有一个受他监护的孩子，这是个诚实而善良的孩子，不是那种你在电影里常见到的受监护人。她的名字叫简·格蕾，当她才是个9岁的小女孩儿时就被允许来和凯瑟琳·帕尔生活在一起。凯瑟琳死后，她照理应该回到她的父母身边，但她拒绝回自己的家，而且根本无法动摇她的决心，她的这一行为我们无可指责，从很小的时候起，她父母（她母亲是皇室成员）一直虐待她。注意到女儿的早成，他们转而想把她培养成为一个少年奇才，他们向她那纯洁的脑子里灌输拉丁语、希腊语、阿拉伯语、希伯来语和闪族语，这使她那小小的脑袋差点爆裂。到了帕尔家里后，她被允许成为符合她年龄的孩子，她喜欢去乐园玩，更喜欢去亲爱的凯瑟琳阿姨那儿玩，还有凯瑟琳阿姨的丈夫曾许诺有一天她会嫁给年轻的爱德华国王，成为一个头戴王冠的真正王后，这个可爱的计划确定时，两个孩子都才11岁，小小的简女士当然不得不耐心等待，这倒使她有空儿多学几门语言。

是爱德华打碎了她的梦想，他的身体一点儿也没有好转，人们甚至越来越怀疑他能否长大成人。因此，经过爱德华的同意（爱德华作为男人，一点儿也不像他的父亲），简小姐悄悄地嫁给了诺森伯兰郡大公的四公子，诺森伯兰郡大公当时是王位后面的实力人物。

然而，简发现自己刚跳出油锅，又进了火坑。诺森伯兰大公一家是一群坏蛋。简不久就对他们恨之入骨（可能是有点小孩子式的憎恨），其中她最恨的便是她的丈夫。她试着重新去学古老的东方语言，以便从中获得安慰，她当时受教于约翰·诺克斯的对手，有名的严厉而博学的阿尔迈博士。

啊！语法书证明只不过是欢乐家庭生活的一种并不怎么样的替代物。

简女士得了一场重病（非常不幸），不久她恢复了健康。同时，诺森伯兰大公一伙正在大忙之中。由于他们是新教的坚定支持者，担心亨利和阿拉贡家的凯瑟琳（普鲁兹列其为第一任皇后）的女儿玛丽将继承简·西摩（普鲁兹列其为第三任皇后）的儿子爱德华的王位，这将出现一场维护天主教的激烈行动。因此，诺森伯兰大公决定让爱德华签署一份文件，写明一旦他退位，即由简·格蕾继承他的王位。

1553年7月6日，爱德华去世，死时还不到16岁。同样年龄的简·格蕾被宣布成为女王。当她得知自己已登上王位时，她震惊得晕了过去。随后，她接受了她的这个新称谓，当然是出于对她父母和亲戚的遵从和压力，对于强加在她身上的高位她其实一点儿也不热望。

9天后，亨利和阿拉贡家的凯瑟琳生的女儿玛丽的军队开进了伦敦。小女人简·格蕾被抓了起来，并被送进了伦敦塔。数月后，小女人简·格蕾的脑袋被残酷地砍离了她那可爱的双肩。简·格蕾的故事对她的同时代人来说一定非常的可怕，当这一切发生时，伊丽莎白公主已经20岁。

这一悲剧一定使她感到了自己命运的强烈预兆。她的同父异母姐姐玛丽成了女王，可是玛丽是个年老的女人，而且是个狂热的天主教徒，而伊丽莎白却是接近新教的人。因此，玛丽不得不面对她那位不太合法的妹妹，她认识到，一旦她无意中死了，伊丽莎白就会成了她的继承人。为了阻止这一事件的发生，她与查理五世的儿子、令人讨厌的西班牙国王菲利普结了婚。菲利普曾经发誓只要给他六年时间，在他统治的地盘上将不会有一个活着的异教徒，并且要使他的敌人改变信仰。

勇敢的英国人害怕西班牙的宗教法庭在他们中间成功建立，勇敢的英国人暗暗捏紧了拳头。不久，有流言说计划宣布由伊丽莎白接替她姐姐担任帝国统治者，而且流言越传越广，伦敦塔里和刽子手们充满希望地认为要大涨收入了。

此时，伊丽莎白已经非常精通掩饰之道，这对她非常有用，她不得不假装服从和热爱君主，其实只要有机会她会把她姐姐送上绞刑架。此外，她还学会了捉迷藏。西班牙国王菲利普的谋臣们再次试图说服他们的国王陛下为了他自己和他妻子的安全，他最好立即将那位顽强、坚定的英国公主除掉，伊丽莎白通过她的耳目一旦获得消息就有效地隐蔽起来。

菲利普认识到只要他想做就能办到，因为他妻子玛丽已经深深爱上了他，只要他要什么，她都会给他。1554年3月份，事情终于发展到了伊丽莎白以某种"监护"形式被送进了伦敦塔。可是，英国人还是排着队去看这个都铎王朝式的人被砍头。因为他们已习惯了看皇族人员的鲜血，即使这位特别的公主已经在法律上被认定是个私生女。

这时，作为新教支持中心的议会，立即挺身站出来为他们的公主辩护。而且，他们已经根本不想去听伊丽莎白已被排除作为王位继承人这样的话。当有消息说玛丽即将宣布由他的西班牙丈夫作为英国王位继承人时，议员们就更不想去听不利于伊丽莎白的话了。这个预想中的事件不久便证明是个没有成为现实的故事，但是总有一天现实可能真的到来，这样，英国的新教事业将会消失殆尽。未来看上去确实很暗淡，因为女王不仅在忙着从未实现的计划，而且，她还利用她的业余时间（除了给她亲爱的菲利普写信求他从西班牙到她身边来），把那些天主教支持者集结到她的身边来。而且，由于玛丽残酷镇压新教教徒，很快获得了"血腥玛丽"的称号。

伊丽莎白被囚禁在伦敦塔中2个月后，玛丽谨慎地放出声来说伊丽莎白还有"希望"。这就为伊丽莎白的朋友们坚持要求女王采取一项仁慈行动找到了极好的借口。玛丽宽厚地同意了她那可爱的妹妹去哈特菲尔德堡，让她在那里继续学习拉丁语、希腊语以及别的跟治国之道无关的知识。

伊丽莎白自然想获得公众的支持，如果这样下去的话，就引不起人们的注意，人们可能会忘了她。因此她开始为自己编了一个有关可怜的英国公主的感人神话，这位公主的血管里没有一点外国血液，她还是个与天主教誓不两立的新教徒，她能和英国卖鱼场里的妇女一样，说一口纯正的英语，她喜欢所有的英国式体育运动（她的家庭教师阿希姆博上不是写了本有关射箭的极好的教学书了吗），她能和英国海军的水兵一样大杯大杯地喝英国的淡啤酒，可是具有这些优秀品质的这位公主，却时刻面临着死亡的威胁，因为那些袭击了那不幸的祖国、发誓要将英国变成天主教的一块圣地的外国冒险者已经控制了她。其实，这里边人们并不知道，他们那位美丽的英国公主显示了一手漂亮的意大利式的手腕，这是她从一个名叫巴尔达萨·卡斯蒂廖内的很有名气的米兰国际法专家那里学来的。这位国际法专家为王子们写了一本《侍臣论》的行为指导书，书中列出了王子以及其谋臣们希望完善自己的几项原则，以便他们掌握依照既订计划、凭着自己的思路和方法去获得统治权又不会被砍头的复杂艺术。

英国人现在只对一件事感兴趣，那就是他们如何才能摆脱天主教徒玛丽的统治、保留一个对新教信仰者安全的帝国？人们很容易忘记了过去，普通的英国人开始怀念起好国王亨利统治的时代了。亨利曾是个杰出的直言不讳的男人，就是在婚姻方面稍微有点随便，更换妻子太快了点。而今是他的女儿（上帝保佑她）要像两个世纪前那样去迎接一个非英国人血统的王位继承人的挑战。这位可爱的年轻女人——一个完完全全的英国人，正生活在断头台的阴影下。而她的姐姐、嗜血的玛丽，这个半个英国人（而且还嫁给了一个西班牙人）却在将她的清教徒臣民大批送往塔尔蓬监狱，并且在威胁着她自己亲人的生命。

这样一种状况是令人无法容忍的，情况在迅速恶化。糟糕的一切正在慢慢变成现实。某一天，天主教政权一旦重新确立，亨利国王时代的帝国将从基督教徒手里重新回到过去那帮可恶的主教和修道士手里。正当此时，仁慈的上苍回答了所有诚心的清教徒们的祈求。1558年11月17日，玛丽死了，伊丽莎白在大众欢呼声中继承了王位。

这位新女王继位时25岁，她将在今后45年内统治英国。最终她安然无恙，或者她自己这么想。因为另外一个玛丽———个比她的同名者更危险的人物——如今正从地平线上升起，将把伊丽莎白统治的最初29年搅和得与任何过去时代一样的麻烦与危险。

这位玛丽是苏格兰的女王，她父亲是苏格兰国王詹姆士五世，母亲是法国吉斯家族的女公爵。他们两人于1539年举行了神圣的婚礼，1542年生下了他们的女儿。随着这个孩子的诞生，世界掀开了从未有过的麻烦的一页。

我只能给你描述一下这一有名事件的大概框架。苏格兰的玛丽与她的英国表姐伊丽莎白正好相反。当人们正看着这位漂亮的法兰西——苏格兰公主的蓝眼睛的时候，丢了脑袋（常常是在毫无痛苦、不说一句话的时候丢了脑袋），就从来没有人会指责英国的伊丽莎白。也许是真的，对她来说，天性被艺术地掩盖了，据记载，当刽子手们提取她的脑袋给那些目击处死她的人看的时候，发现她那出名的金色头发并不是她自己的，而是头假发，这使他们非常失望。不管如何，我倒愿意相信，她在肮脏的牢房里待了多年后得了病，才不得不借助于这点小小的美容帮助。在她坐牢以前，她那迷人的魅力一定是可信的，一定是属于她自己的。否则的话，就不会有那么多的痴情人为她而争吵了。他们当中的大多数人反复地被我们最杰出的剧作家和小说家描写，我这里就不去一一列举他们了。我就从

1565年说起，那年玛丽经过像任何一位现代雷诺女主人的异想天开之后，终于与达恩利勋爵亨利·斯图亚特结了婚。他当时想当苏格兰国王。据说他是个倾向天主教信仰的人，这在玛丽看来或许是一大可取之处，但对他妻子的臣民来说就不太受欢迎了。他的优柔寡断、他的粗俗、他的浪费习惯很快使得玛丽讨厌他了。作为女人，玛丽从与她的意大利情人戴维·里齐奥相处中找到了安慰。

这位年轻人起初到苏格兰来时，是萨瓦公爵派往苏格兰一个使团的成员。任务快完成时，他留了下来，在一个为王家演出的四重唱组里唱男低音。就在那个时候，他认识了达恩利一家。这个聪明的、非常清醒的年轻意大利人很快就觉察到了这对女王夫妇的不合，觉察到了玛丽正需要有个人去依靠。而他正是她所需要的人。不过据可靠材料表明，非常奇怪的是，他在试图接近这位王室情人位置过程中是非常小心的。里齐奥照例应该在皇床后面成为一个有权力的人物，可他是个喜欢炫耀的人，他那喜欢穿着华丽的习惯很快给他惹来了麻烦。因为在苏格兰，任何形式的奢侈、浪费现象就如同在一头公牛面前抖红布一样。没过几个月，这位意大利人的漂亮打扮（与别人形成鲜明对照），使得他在本地显贵当中很不受欢迎，同时，他身上的丝绸缎子和他帽子上的精美羽毛遭到了社会底层民众的极大愤恨。他用甜美的芭蕾与情歌去扰乱女王思维的能力也遭到了每个人的深深疑心。

要让女王去怀疑一个她极其欣赏的人，这可比干世上任何一件事都难。如果把这个讨厌的傲慢的人清除掉的话，在爱丁堡的许多人都会受益。他们便跑到了达恩利那里给他说些暗讽的不愉快的悄悄话，但达恩利那好冲动的脑子立马起火了。就在他自己的屋檐下，让一个意大利芭蕾歌演唱者给他戴了顶绿帽子，这使他那苏格兰的自尊心无法容忍。1566年3月9日的晚上，达恩利的一帮朋友闯入皇宫，冲进女王的寝室，将里齐奥剁成碎片，然后把他的尸体扔出了窗外。

玛丽保持了她的平静。她当时已经怀上了孩子，因此，当时她除了保持沉默，没有别的办法。到了6月，她的儿子出世了。他被命名为詹姆士，长大后将成为苏格兰的詹姆士六世和英国的詹姆士一世。

对于这个孩子的合法性，几乎没有任何可怀疑的，因为他长大后和他父亲一样有点口齿不清、手脚不灵活。

这位父亲，此时正在度过他在地球上的最后时光（尽管他长大后已不清楚）。第二年的一月上旬，他病了。那时，和他接触的每一个人（包括新教教徒和天主教徒）都非常讨厌他，相反地，玛丽却获得了短时间的好名声。她决定把她丈夫送到乡下去，在那里他或许能恢复健康，而且还使她的眼前清静些，在基克费尔德的一座乡下庄园被选中作为他休养的地方。

2月9日那天，玛丽去看望病人，当天晚上回到爱丁堡。几个小时过后，那所房子被藏在地下室里的几桶火药炸上了天。第二天，人们在达恩利房外的灌木丛里发现了他和贴身仆人的尸体。显然，他们在爆炸中幸免于难，并设法逃了出来。但是，预谋的人估计到了这点，他们躲在周围的树林里，杀死了主仆两人。

苏格兰人突然担心起来。不到一年的时间在王室里发生了两起谋杀，即使在这个凶杀并不见怪甚至还被认作是政治游戏的一部分的国家里，情况看起来也不妙了。

不久，流言在周围传开了。人们传说玛丽此时准备嫁给鲍斯威尔伯爵，此人据说是谋杀达恩利的主使。苏格兰教会最终有了确凿的理由斥责这个法兰西无耻放荡的女人是真正的祸主，并要求采取行动，来拯救苏格兰的灭亡。为了平息他们的愤怒，玛丽与她的杰米在新教教堂举行了婚礼。但这当时太晚了，因为民众已经了解到这个高贵的伯爵曾有过几个妻子，并且他是否与他的最后一位妻子在法律上解除了关系依然十分可疑。

这一举动终于使苏格兰女王失去了粗犷的苏格兰人的支持。整个苏格兰起来反对她。玛丽女王不得不送鲍斯威尔离开苏格兰，而她本人被带到洛赫莱文，那是个位于湖中间岛上的城堡，因而它被视作是囚禁玛丽的理想之地。

然而，玛丽这个女人懂得如何利用她那双充满魔力的眼睛。她迷人的双眼使其中一名看守把自己锁了起来，而玛丽却大步走出了前门。

玛丽重获自由，但不明白为什么苏格兰人再也不能接受她。她匆忙聚集了一些忠诚的王室旧亲信，勇猛地朝她的敌人宣战。她被打败了，由于无法从海上逃离苏格兰，她躲避到了英国，请求表亲伊丽莎白给予庇护。

伊丽莎白同意了玛丽的请求，显示出其本性所能给予的最大的宽容（当事情符合她的目的时，她可以表现得很大度），她高兴地接纳了这位亲爱的表亲，并乐意保护她来对付她以前的臣民。而后玛丽受到了监禁，一待就是19年，成了伊丽莎白女王的一块心病，越来越使女王感到烦恼和不安。因为在英格兰，天主教从未消亡过。天主教徒的活动仅仅是转入了地下，就如同似乎被扑灭的森林之火，当人们转身离去后又会死灰复燃。

当伊丽莎白刚继承了"血腥玛丽"女王的英格兰王位时，那些信奉天主教的大家族就已从公众的生活中消失了。他们仍然怀着共同的理想，但找不到合适的理由使之成为发生冲突的原因。因为伊丽莎白是一个通达的女人。她并不反对诚实的天主教徒，只要他们不干涉别人的信仰，不在公开场合称她为王室的私生女或企图谋害她。现在，随着苏格兰女王玛丽的到来，少数派天主教徒感到有了可以聚集在一起的理由。玛丽在欧洲大陆有许多朋友，所有天主教统治者都支持她。皇帝站在她的一边。教皇和法兰西国王又毫无疑问地热爱她。至此，盼望已久的机会终于来了，天主教徒急不可待地卷入了一场长达19年的争斗之中。整个欧洲都为之关注，却始终不清楚谁终将获胜。

桌子一边坐着伊丽莎白，棕红色的假发和搽着脂粉的双颊。另一边优雅的苏格兰女王玛丽用良策悄悄耳语聪明地指点着那些谨慎的顾问们。所有欧洲的统治者围成大圈站着，打着各自的算盘，四处插手，为这场斗争最后的结果暗中下赌。

一开始看起来玛丽似乎会获胜。但她玩的是女人的把戏，而随着时间的推移，伊丽莎白的作风变得越来越男性化。玛丽，如我所述，不仅是个贵妇，而且还是一个不肯悔改的骗子。伊丽莎白明白这一点。玛丽发出的每一封信都被截取，仔细检查，重新缄封后再送出去，似乎什么也没有发生过。一旦发现玛丽又在谋划暗害她表亲的生命时，对玛丽的看管会进一步严密，并明白无误地暗示这种行为最终会给她带来什么样的命运。玛丽随后谦卑地向其表亲的一再仁慈表示感谢。然而就在第二天，她又会策划更加诡秘的阴谋，把英格兰从那个拒绝信仰天主教且掌握其命运的该死的处女手中夺过来。

时间就在无休止的阴谋中流逝。今天，我认为基督教社会以外的人民和一些不妥协的爱尔兰人会同意这样的看法，即最终伊丽莎白已别无选择，只有除掉对手这个可以确保绝对有效的唯一的办法。

1586年，一个新的谋害伊丽莎白的阴谋被揭露了。一名玛丽从前的侍从安东尼·巴宾顿从中串联，安排了一切。玛丽完全卷入其中。她受到了审判，并被判处死刑。伊丽莎白因在过去的30年中太多的人被送上断头台

　　作为16世纪后半叶时期的海军舰队司令，做些私掠行为不算什么严重的事。但是，自己的私掠船队却与政府的官方私掠船队产生了直接竞争。因此，跟现在社会一样，英国法院对这一事件进行了严密调查。最后，托马斯·西摩丢了脑袋。

而不愿再引起不快的回忆。她拒绝在死亡执行书上签字，并声称如果她砍掉苏格兰国王詹姆士的母亲的头，那么会在她和这位可能的继承人之间引发事端。

那段日子英格兰处在恐慌之中。有关西班牙正在组建一支由几百艘海船组成的庞大舰队，要以天主教的名义来征服英格兰的谣言使每个人紧张不安：民众想要除掉这个苏格兰祸根，正是她勾结他们的敌人，企图在某个宁静的夜晚，把所有新教徒谋杀在他们的睡梦中。伊丽莎白却仍在犹豫。处死一名王亲与处死区区臣民不同，如艾塞克斯，他满以为可以凭借他与伊丽莎白女王所传闻的亲近和恩宠，可以把自己当作女王宫廷的情人而趾高气扬，最后招来杀身之祸，被女王送上了断头台。

还是玛丽的儿子詹姆士解决了问题。只要苏格兰国王詹姆士稍稍暗示他想保全其母亲的生命，伊丽莎白就可从她不得不做出最困难的决定中解脱起来。但不善言辞的斯图亚特知道自己想要什么。他想要的是英格兰的王位，他告诉伊丽莎白，如果她能保证他继承英格兰王位，他本人将设法化解她母亲过早"崩驾"所带来的悲痛，对做出判决者不记恩怨。

斯图亚特用这封希望化解自己悲痛的不光彩的信，在其母亲死亡执行书上签了字。1587年2月8日，清晨的钟声响过8下，一名粗笨的刽子手从玛丽美丽的双肩砍下了她的头颅。伊丽莎白注定要在她的余生中记住那一刻。什鲁斯伯里伯爵出现在女王的密室里，禀告女王陛下，一切都过去了，她的对手将再也不会扰乱英格兰王国的平静了。

我想，我现在应该告诉你关于伊丽莎白女王时代的伟大的征服——奠定伟大帝国的基石是怎样总是与她的名字联系在一起的。但你在学校里已经学过这些，我真正感兴趣的是存在于这两个不同寻常的女人身上的心智——他们决定了斗争的胜负，而不是在这两个最著名的女人之间所发生的所有的斗争史实。

实际上，玛丽在各个方面都优于伊丽莎白。玛丽美丽动人，受过更好的教育，浑身充满了魅力，这是伊丽莎白明显所缺乏的。伊丽莎白认识到了这点，但我不认为这种个人的厌恨和嫉妒与她最终决定把玛丽送上断头台的决定有多大关系。

当伊丽莎白在签署玛丽的死亡执行书时，她已54岁了。她的生活一直是艰辛的，她学会了怎样控制自己的感情——也许她从未有过特别的感情。让玛丽拥有她的情人；让玛丽目光移向一名看守，从此使他沦为她忠实的奴仆；但让玛丽记住，这个相貌平庸、衣着考究的老处女具有她从未企望过的东西——对她的国家至深至诚的感情。这种感情影响她做出的每一个决定，并支配着她所做的每一件事情。

玛丽竭力寻求一种生涯。

伊丽莎白志在奠定一个国家。

最终，两位女人都如愿以偿。而整个世界第一次目睹到那个奇迹般的国家——大英帝国。

所有这些，使可怜的弗里茨在第二个星期六去往泽兰的途中，不得不花费从阿姆斯特丹到米德尔堡的那一段旅程来阅读和领会。这天天气很冷，狂风大作，加上间歇的阵雨，使得瓦尔赫伦岛看上去像个蛮荒之地。

那天晚上6点半钟，我和弗里茨出去散步。我们早已十分熟悉我们这些客人的习惯，他们中大部分人喜欢在到访我们之前，出人意料地抽空在费勒的大街上溜达一会儿。这次我们看来并不走运。一切都很安静，外面太冷了，没有人上街，甚至连狗都躲到家中温暖的厨房里。我们径直走到水边的高塔那儿，然后折回，向弗里茨在街市的住所走去。在港口处，我们注意到了一艘刚刚靠岸的帆船。船夫还在忙着落帆。海潮正在落下，我们看到一架梯子靠上码头这边，一名旅客走上了码头。

就在那一刻，我们认出这名乘客就是我们来客中的一位。把她的样子搞错是不可能的。没有其他女人戴着颜色如此艳丽的假发，也没有一个人的肩上会缀满如此众多的宝石。成串的珍珠挂在这位贵妇的颈项上，小梨般大小的珍珠从她的耳际垂下。她饰有花边的衣领足有2英尺（约0.6米）宽。一阵大风无情地扬起了她的裙子，露出了她那裹在厚厚的羊毛长筒袜里的细长的双腿。

当女王看到我们时，她迅速把裙子按在膝盖上。她对我们说话的口吻显示出她说话向来不吞吞吐吐，并且她的命令无疑会得到执行。无论她是在同谁说话。

"这简直是可耻，"她高声嚷道，"谁能想到我站在这露出了我的老腿，而你们这两个无耻的家伙却在笑我的难堪"。

"尊敬的女王陛下，"弗里茨答道，带着我从未见过的优雅的口吻，"我们亲自站在这里，很明显，是为了恭候您的光临"。

伊丽莎白女王对着他恶狠狠地说道："什么，你这个狂妄的家伙，如果我的朝臣敢这么对我说话，我会把他吊在泰伯恩刑场上，吊得比汤姆·怀亚特还要高。"

弗里茨担心自己对早期英语不甚了解因而措辞有欠妥当，着实吓了一跳。

"请原谅，夫人，"他答道，"不过，我做过什么使陛下您感到不快，而让我受到如此严厉的斥责？"

伊丽莎白一世。

"你们该死的荷兰风车！"女王又开口了，"难道你们用这样的方式来迎接一位尊贵的女王？是她在危急的时候派人帮助你们击败了西班牙敌人，你们却从未为她的花费偿付过一个子儿"。

我完全明白这个老恶婆指的是什么，在我们的独立战争初期，她确实送来了几千名士兵。这些士兵在她的宠臣莱斯特伯爵的指挥下，帮助我们打败了西班牙人。然而这项功业因两名英国军官背叛了荷兰人的事业并向敌人出卖了他们而导致了悲惨的结局。我断定女王本人对此事的看法相当肯定，即使对她进行旁敲侧击也会无济于事。

"陛下您肯定不是指斯坦利和约克吧？我记得那个不幸的事件发生的时候，莱斯特阁下正离开荷兰去伦敦赴命，可是……"

"你说对啦，"她打断了我的话，"你可能不懂礼节，但你至少还知道点历史"。

我承认我看上去有些不知所措，这被她看了出来。"天哪！"她几乎是在对我嚷，"光愣神站在那儿，就这样子迎接女王？"

"愿蒙荣幸，陛下，"我说道，摆出一副我绝对感觉不出来的谦卑，"不过我和我的朋友做错了什么使您感到如此不快？"

"你就站着问我话！"她把"站"字说得很重。

我开始猜想她到底在指什么，不过我最不愿做的就是跪下来亲吻她的手，我知道这是王宫里的规矩。可是，首先，码头的木板被海水泡湿了，其次，我怎么跟费勒的邻居们交代我如此屈膝的行为，我肯定他们正从码头周围拉着窗帘的窗户后面看着我们。我一定会成了他们的笑柄，因为泽兰省人都是些脖子竖挺的家伙，他们从来不会向谁弯下他们的腰，更不用说对一个外国女王。

"再次愿蒙陛下的荣幸，"我鞠了一个最具礼貌的躬并且以最好的奥地利方式磕了一下两脚跟，"这是我们向陛下，我们的荷兰女王致礼的方式"。

伊丽莎白看来有点不解："这么说你们现在是王国，在我的时代你们自称是共和国，我从来就不喜欢那些共和国，他们从不尊重权力。"

"陛下"（我一生中未在如此短的几分钟里使用过这么多的"陛下"，我不知道，稍晚一会儿，我们在应付一位皇后时会感觉如何），"陛下，我们现在非常乐意称自己为王国"。

"你们是由一位女人统治，就像我那时的英格兰吗？"

"是的，陛下，而且这个女人高度的责任感只有伟大的伊丽莎白给予自己王国的热爱才能与之媲美。"

"这说得很好，也许，你毕竟是个有教养的人，尽管起初我把你当作那些收税的家伙，过来，把我的珍宝收拾好。"

"如果我到这儿来收录您的金玉良言，那么我将对国家有益，它可以偿清我们的国债。"

天知道是什么在指使我信口开河。但这句话比刚才我们说的所有的话似乎更让这个老夫人满意，她几乎友好地回答道："好吧，如果你们是这样向你们的女王致敬，那么，这样对我致敬也行，我不再说什么了，不过看在上帝的份上，带我去一个暖和点的地方，可以让我这把老骨头休息一下。我们做了一次可怕的航行，我里里外外都冻僵了，而且我也太，太饿了。"

"但愿陛下您能赏光，"弗里茨插了进来，"鄙舍只有几步路远，您从您站的地方就看到了"。女王转到一个更好的角度看了看。

"从陛下您站的地方。"弗里茨深深鞠了一躬重复道。

"好吧。"女王答道，我们三个转进了集贸大街，我走在前面一点，为了保证为这位相当挑剔的客人做好一切准备。几分钟以后，我们进了屋，房间里炉火烧得很旺，桌子上摆满了鲜花，闪亮的酒杯使女王陛下的饥渴立即就会得到满足。

伊拉斯谟已经到了。他在壁炉旁等候着，手里拿着一本打开的书。他用一句漂亮的拉丁语向女王陛下致敬。

"天哪！"女王答道，"难道我刚跑出一座疯人院又要掉进另一座？现在能告诉我这位可敬的长耳朵大鼻子的人是谁吗？"

"当我荣幸地晋见陛下您尊敬的父亲时，他老人家同样对我说了这些一模一样的话。"

"我父亲！'我最尊敬的父亲！'那头牛，那头公牛！什么'尊敬的'，你是在哪儿认识我父亲的？"

"在伦敦，陛下。"

"这么说你去过伦敦？"

"经常去，陛下，我还到过您治下的别的许多城市，这世上没有比它更好的国家啦。"

伊丽莎白没有流露出她听了这句话后是不是觉得很高兴。她只是不客气地答道："先生，我似乎并没有让你发表意见！"

伊拉斯谟一点都不恼火，他只是边笑边请女王坐到自己的椅子上，这是我们知道他将成为我们的常客时特地为他定做的椅子。然后他又开口，这次是用意大利语："陛下您一定知道，不请自给等于给了两次。"

"这是谁说的？"

"我的好朋友，托马斯·莫尔爵士。"

"托马斯·莫尔！那你认识托马斯爵士？他在我的时代之前已经作古，我读过他的书——许多都是无稽之谈！试图建立一个'理想国'！这绝不可能做到。只要人们不是傻瓜、无赖与流氓，他们现在不是，或许永远都不可能是。啊！人民。你要了解人民，就像我在位44年后所了解的。是44年还是45年？我已经忘了，我也不在乎。那已经过去太久啦。"

伊拉斯谟对这个令人难以置信的悲叹付之一笑，而女王却没有觉察出来。"托马斯·莫尔爵士，"她接着说道，"这个可怜的爱幻想的老人。不过我听说他是个好人"。

"最好不过的英国绅士。"

"是的，他是怎么惹上祸的？他试图表明诚实，而周围的人都是流氓骗子，我听说他忠心耿耿为我父王效劳多年，当时他不赞成我父亲离婚，并为此掉了脑袋。"

伊拉斯谟小声说道："恐怕您是说对了，陛下。"伊丽莎白拍了拍老人的衣袖："是呀，父亲的老习惯——离婚并且生下私生子。"

我看到伊拉斯谟的身子又颤抖了一下。"恐怕陛下您又说对了。"他答道。

"嗯，"女王满意地看了看四周，说道，"这间房子不错，这些蜡烛让我想起哈特菲尔德，我感到体力有点不支，我们为什么不

洛赫莱文。 ▶

吃饭呢？"

"稍候，陛下，"我匆忙告诉她，"汤马上就上"。伊丽莎白疑惑地看着我，"你们该不会是在等另外一位客人吧？"她问道。

"噢，没有，陛下，"我撒谎道，"也就是说……"

"行了，你这个肮脏的无赖！你说说看！英格兰女王什么时候等过另外一位客人？这是种侮辱，可耻的侮辱！"

我略微作了一下道歉。"也许陛下她迷了路，"我解释道，"您知道，我们没有前去接她"。我把"她"字咬得很重。

"这个女王陛下，那个皇后陛下！天哪！年轻人，你没有冒冒失失地请两位女王坐在一张桌子上，同待在一个房间里吧？"

这次我可以如实地回答："我们从未想过这样的事。"我向她保证说。

"那么你为什么称其他人为'陛下'？"

"她赶巧是位皇后。"

我无法用语言重复她对此所作的诅咒，但是，她的话没有留下多少想象的余地，并且明白无误地表明女王怎样看待王室姐妹的。

她以平静的口吻接着说道："一位皇后，在我的年代里只有一位皇后，那个德意志傻瓜的妻子，是她吗？"

"愿蒙荣幸，陛下，不是她。"

伊丽莎白变得不耐烦了："上帝呀！你难道整个晚上说话都要打谜吗？那样晚会就会热闹了。"

弗里茨过来解围，他告诉她："皇后陛下来自君士坦丁堡。"

"君士坦丁堡！我一到你们破烂的村子就知道自己上了你们的当了。从君斯坦丁堡来！难道你们希望英格兰的女王和一个土耳其人一起进餐？"

"她不是土耳其人，尊敬的陛下。她是希腊人。"

伊丽莎白向上挥动双臂，说道："希腊人，愿上帝所有的选民都保佑我，我姐姐玛丽过去常这么说，还为此挨了打。我曾经认识一个希腊人，他是位医生，他试着要治好我的腿痛。他告诉我必须停止喝酒并发誓——我让手下把他绞死了。"

"这个希腊人另有不同，陛下，这位皇后是拜占庭人。"

伊丽莎白开口道："我以前一直没有听说过拜占庭是什么？"

伊拉斯谟自告奋勇地答道："古时候的人以此称呼东半个罗马帝国。"

"威廉·莎士比亚曾经提到过它吗？"

"恐怕没有，陛下。"

"那就没有这样一个国家，"伊丽莎白不以为然地说道，"我的小威廉和任何人一样了解世界。如果他从未听说过的话，那么我肯定不会费神去找它在哪里。另外，我现在感兴趣的只是什么时候能吃饭，我的肚子已经饿得咕咕叫了，就像我的国库一样，大部分时间是空的。只有在我知道该做些什么时才好一点。"

但是，我们再也没时间去搞明白我们尊敬的陛下是如何设法填满她空虚的国库的，因为正在那时（晚上7点10分），门上响起来轻微的敲门声。

弗里茨站起来，去开了门。西奥多拉皇后飘然入室。我深思熟虑后用了这个词。她似乎没有觉察到万有引力定律，她既不动手，也不动腿，就像一片鸿毛，随风飘动。她穿着一件长长的紫色披风，脚着金色的小鞋，头上戴着我熟知的她在圣维达尔的肖像中所戴的王冠。

"陛下。"我开始说道，突然我想起我忘了询问两位客人中谁的官阶更高，但已经开了头，我不能再停下来。因此我断定女皇肯定要高于女王，我转头面对伊丽莎白说："陛下，能允许我请您欢迎一位客人吗？这位是神圣的拜占庭的西奥多拉皇后。"

然而我预料中的愤怒却没有爆发出来，一个完全不同的伊丽莎白，带着十分友好的笑容，从椅子上站起来，踏着红色绸缎的高跟拖鞋，向前迈了三步，握住西奥多拉的手说道："我看过和听过许多关于你的事，我的孩子，我一直想见到你，现在我真的有幸如愿以偿了。进来吧，和我一起到壁炉这儿来，外面太冷了，你一定累坏了吧！"

皇后微笑着示意，但由于伊丽莎白对她讲的是英语，我知道她没有听懂女王所说的每一个字。这一次，又是由我们亲爱的伊拉斯谟用古典的希腊语替这个瘦弱无助的人解了围。他以英格兰女王的名义向她表示欢迎并请她入座。

谈话由伊拉斯谟做引导，因为我们发现这位可爱的西奥多拉只说希腊语，只懂一点拉丁文，我试着对她讲俄语，可她压根儿没反应。在她的宫廷的仆人和警卫中，几乎天天都可以听到这种斯拉夫语言。我不知道她到底只因为真的没有注意到，还是她认为不承认自己熟悉这种粗鄙的语言是高明之举，因此我采取了碰到这种情况时通常使用的办法：我在一叠纸上把我想要说的话画成图画。西奥多拉却总跟小孩似的喜欢这些涂涂画画。实际上，她在临走之前已把它们收集好了，嘴里念叨些什么，我还以为她

    玛丽发出的每一封信都被截取，仔细检查，重新
缄封后再送出去，似乎什么也没有发生过。一旦发现
玛丽又在谋划暗害她表亲的生命时，对玛丽的看管会
进一步严密，并明白无误地暗示这种行为最终会给她
带来什么样的命运。玛丽随后谦卑地向其表亲的一再
仁慈表示感谢。然而就在第二天，她又会策划更加诡
秘的阴谋把英格兰从那个拒绝信仰天主教且掌握其
命运的该死的处女手中夺过来。

房龙经
典语录

想把它们留作记忆。我竭力在这些画上用希腊文签上我的名字，这个做法使她感到很高兴，为此她用小巧的脑袋点头表示感谢。她的动作如此优雅，使我对那晚永远记忆犹新。

安排我们客人的座位是件非常微妙的事，我后悔这天晚上没有事先准备好一张圆桌。要用圆桌的话事情就会好办得多，因为它没有正规的上、下座之分，客人们感觉不到高低之别。如果我没记错的话，我们让伊拉斯谟坐在离门最远的桌子一端，因为他怕穿堂风。皇后坐在他的左边，右边是女王，弗里茨和我坐在桌旁的另外两个座位上。

事实上，我们对客人们会不会使用刀叉的担心显然是多余的。尽管她们中没有人用这些餐具将食物从盘子里取到手上，但她们却非常灵巧地使用匙子，顺顺当当地用起餐来。整个晚餐只出了一个差错。那时，琼端上一道蒜炖羊肉来，可怜的琼完全被女王的红假发迷住了，她做了一件我觉得再也没有比这更不好意思的事情，她把盛炖羊肉的盘里的调羹弄掉了出来，这个笨手笨脚的女人的屁股挨了女王一记响亮的巴掌。不过女王打的时候心情很好，因为此时尊敬的女王陛下已经喝下了第七杯啤酒，并且醉态可掬。

起初我们并没有在意，但是当我们喝掉第八瓶酒后（我算了一下，我们只剩下6瓶酒），女王突然站了起来并要求说："我刚才听到的音乐呢？让我们换一个曲子——来个孔雀舞什么的，我想跳舞。"女王说完就站了起来，拉着弗里茨的手说道："年轻人，你来带着我，如果你踩上我的脚趾，上帝会原谅你的，我的鸡眼在作痛。"

好在弗里茨就是一个出色的舞伴，尽管他对孔雀舞的舞步一无所知。他随着音乐起舞，让女王非常满意，他几乎跟她跳了半个小时。而乔在厨房里却陷入了绝望，不知道剩下的菜该怎么办，他怎么才能使炖羊肉保温。女王在离开桌子前要求待会儿吃第二顿饭，她已经把弗里茨的体面的家变成了一个临时夜总会。

这么说来女王陛下的好胃口似乎太粗俗，因为人通常总认为女王吃饭只消几颗豌豆和一颗葡萄。但这两位堂堂的女士却是不加掩饰的吃客。看来我们为她们定了合适的菜，除了伊丽莎白几乎很快从薄荷换到了大蒜，并且她还想弄明白究竟为什么她那该死的法国厨子从来就没有给她做过这么好吃的菜——这个问题我们当然都无法回答。

就这样，在伊拉斯谟甜美的古希腊语迸发出来的妙语连珠和伊丽莎白那醉意朦胧略显粗俗的诗歌声相互错落之间，晚宴已使每个客人酒足饭饱，尽兴开怀。我们围着壁炉坐下，不断地用咖啡和白兰地款待我们的客人。

女王伊丽莎白刚刚踏上我们的国土。

西奥多拉皇后在犹豫了一下之后，表示她喜欢这种对她来说是一种新鲜的酒。而伊丽莎白呷了一口，便把酒吐进了壁炉，声称她决不会拿这玩意儿就着糟糕透顶的食物一块儿喝到肚里，她接着又说她想再来点我们刚才给她喝的法国甜酒。不过这次她不是稍稍品尝一下，而是一口干一杯。

拜占庭皇后站在门口。

　　我们谈了些什么呢？你可能不会相信，我们花了一晚上竟在讨论编织这个话题，我不知道怎么开的头。但在两位女士退出去补妆之后（女王要给脸上涂粉，皇后要抹口红），伊丽莎白回来高兴地笑着告诉我们："你们知道吗？那个孩子穿了一条羊毛紧身裤！假如我今天还住在那座到处漏风的旧宫殿的话，我会给爱尔兰五个郡的人每人一条这样的裤子。"

　　伊拉斯谟很圆滑，没有把这些话翻给皇后，然而女王却不住口。"别管这个老主教，我的孩子，"她说，"给这些先生们看看你的汗衫，你有一双我从未见过的最漂亮的腿，你不必害羞。记住，你已经死了"。

这次，伊拉斯谟只得照原话翻译了过去，但西奥多拉断然拒绝，一想起皇后陛下的过去，我非常理解她现在的稳重。可是伊丽莎白被惹恼了，她说她假正经。不过她看得出来这种责骂没有什么用处，便问皇后她是从哪儿弄来这些衣服的。

西奥多拉通过伊拉斯谟回答说："它们是从塞浦路斯送来的，那儿是我的出生地。"

"塞浦路斯，"伊丽莎白若有所思地说，"这地方听起来很熟，莎士比亚大师一定在他的一出戏里提到过"。

我告诉她这极有可能，因为莎士比亚喜欢让他的主人公去陌生的地方，然而女王对地理并不感兴趣。她的注意力还集中在自己对手的衬衣上。她又问了许多我们无法回答的问题。所有这些让可怜的皇后迷惑不解，她根本不知道她的对手在说什么。她让伊拉斯谟告诉她。可他同样茫然不解。他让我把上礼拜六他带来的希腊字典给他拿来。当时我们讨论了柏拉图的一段相当深刻的话。"我认为我懂希腊文，"他说，"但是编织和刺绣及缝纫这些用语在古希腊语中或是圣父的作品里也很少出现的"。

几分钟后，当我从楼上下来时，发现已经不需要了，因为伊丽莎白已经满足了她最初的好奇心，并已经把她的同伴弄得浑身不舒服。（我们从未见到女王极力称赞的西奥多拉的那双腿）话题已经换了。我们开始讨论征税问题——直接税与间接税。

弗里茨事后告诉我话题是如何变过来的，女王对用来制作皇后的裤子的羊毛饶有兴趣。羊毛产于何地？是在附近的岛上吗？这些岛属于她的帝国吗？如果不是，进口这些羊毛要征税吗？还是政府对成品征税，并让消费者缴纳间接税吗？征税的税率有多高？

伊拉斯谟把这些连发炮般扑面而来的问题毫不简慢地译了过去。让我们大为吃惊的是，皇后的回答也一样地快。显然，这位可爱的公主谙熟治理国家的细则。伊丽莎白非常地高兴，她说："老格雷沙姆要在这儿就好了，他们俩会处得很好。他们都能嘀嘀咕咕地念上一大长串数字。我的上帝，这是位多了不起的女人哪！漂亮的脸蛋，聪明的脑瓜！这太不公平了，我也有头脑，因为从未有人叫我傻瓜。要是我也有那张脸该有多好！"接着，她又一次换了话题，根本不顾及她的听众们的兴趣。这表明她说话时总是强迫别人同意她的意见。她问现在几点钟啦。

我告诉她："差20分钟12点。"

她叹口气说："今天晚上过得非常愉快，比我预想的要好得多。可是过一会儿这一切又要结束了。这个地方（我们所有的客人都把现在他们待的地方称作"这个地方"），挺合约翰那伙人的胃口，可就是有些沉闷——别见怪——我没想谈论这个。只是此情此景叫我有些情不自禁。设想一下我们说这里不错——很不错——甚至太好了——这座该死的破房子——别介意——我没有这么说，你们也没有听到这个。自由自在过20分钟，我想现在只剩15分钟了。给我再来杯啤酒，我们跳舞吧！让我们跳着舞死，就像我们一辈子都在跳舞似的！是找自己刚刚创造的还是我在什么地方听说过这句话？让楼上的乐队给我们再奏个曲子。《什鲁斯伯里的主人》怎么样？我想我听得出来这个曲子，还有汤姆·莫利的《情人和他的少女》告诉他们奏得欢快些——欢快——欢快——我很久没说过这个词了——还有《漂亮的菲利斯》，如果他们会弹的话。我过去喜欢这个曲子。"

我走进厨房告诉海因别洗碗了，到楼上去放唱片。"放些欢快的，"我说，"她可能听不出放的不是她点的曲子"。但我没有费神去开导女王陛下，告诉她所谓的乐队其实只不过是一张胶木唱片。这唱片来自她的朋友，沃尔特·罗利爵士曾经梦想找到永生之城的那条河。因为我看到现代文明几乎没有给我们的客人留下什么印象。再说，现在每一分钟都是宝贵的。

海因用毛巾擦了一下手，走出了厨房。伊丽莎白看到了他。"天哪！"她说道，"你整个晚上把这个漂亮的年轻人藏在哪里？他还留着胡子，艾塞克斯有一次想留胡子，我想这样好让他显得老成一些，看上去更不像我的儿子。不过，我还是让他把胡子剃了。在我的宫廷里，我不想有与此类似的那种人"。

"我是厨子的丈夫。"海因答道。

女王又问："她在你的床上和在厨房里一样出色吗？"

从未受过朝臣教养的海因回答说："在床上更棒！"

伊丽莎白很高兴。"这是我想要听的话，"她说，"一个诚实的人！要是在家，每个人都会拉长脸而不愿跟我说实话。他们以为他们能愚弄我。他们以为他们能愚弄伊丽莎白！但伊丽莎白把他们愚弄了44年还是45年？然后她就寿终正寝。"她又问海因，"你去哪里？"

"我要去放音乐。"海因告诉她。

"别去，"女王说，"不是你，那个年轻人（指着弗里茨）放音乐吧，我要跟你跳舞"。

海因说的那句荷兰语没有被翻译过来，这句话是说，要做的事就必须去做。但女士对此毫不在意，因为她注意到海因脚上只穿了长筒袜。

"为什么不穿鞋子？"

这一次海因抓住了机会："为了更好地与陛下跳舞。这些大理石地砖很滑。"

女王说："我也要这么样。"

她坐到椅子上，两只脚伸到海因面前，对他说："给我把它脱下。"

这时我才明白，为什么像伊丽莎白女王这样一个一毛不拔且对所欠债务是能躲就躲，却肯在制鞋商身上花去巨额金钱。她的双脚线条优美，细窄短小。若不是与身体其他部分极不相称，真可以说是美妙绝伦。

楼上的唱针先是刮擦几声，接着奏出了《情人和他的少女》的前几节。

"快点！"女王说着，双手在海因的两个耳朵上响亮一击。

"我在呢。"海因回答道，接着在女王的屁股上重重地打了一下。

皇后陛下翩翩起舞。

"你应当躲在我的海军里，你是个水手长的好料子。"女王对他说。

"不管怎样我是在海军，"海因回答，"并且我知道有一个地方要比陛下海军舰上不舒服的床铺要好得多"。

他握住她的双手，而她却说："不，搂着我的腰！"说着，他们跳开了。

我和伊拉斯谟十分愉快地欣赏了这一小幕喜剧，但我们不知道那会给西奥多拉皇后产生什么影响。她从不流露出自己的感情，甚至在她眼神的变化之中也不会这样。

现在是12点差5分，弗里茨把曲子换到了《漂亮的菲利斯》，皇后倾身朝伊拉斯谟低声说了些什么，然后伊拉斯谟向我转述了她的话："皇后陛下希望你能请她跳舞。"

这是我根本没有想到的。我开始有点胆怯。我的舞就像其他非专业舞蹈者一样跳得很糟，而"探戈"是个例外，我在阿根廷学过而且喜欢这种舞。

然而，我不知道"跳舞"对公元6世纪的拜占庭的皇后意味着什么，我决定把步子迈得慢一点，使自己显得稳重庄严，尽量与伊丽莎白和海因正在跳的快速旋转的舞步不同。他们两人正沉醉于16世纪的吉特巴舞之中。

我用手搂住西奥多拉皇后的腰。我的手尽量与她轻轻接触，就如同轻触在夏威夷公主的羽毛披风上一样。

皇后马上就有了反应。在我的臂弯里，她显得异常安详，那双令人捉摸不透的乌黑的大眼睛抬起来盯着我，她身体前倾，用她柔软的胸部碰触到我身上。突然间，我恍然明白了1000年的历史，我懂得了不只是学者才发现的一个道理。

留声机的音量已经开到了最大，因为伊丽莎白一个劲地在叫喊："声音大点，再大点！"

透过这喧闹声，我隐约听到大厅里大钟的嘀嗒声。大钟马上就要敲响午夜12点了。

在我认识的女人当中，只有一位曾以那种方式让我动情过。过去，我常用希腊语呼唤她的名字。我不知道是什么原因让我这么做。

叮当的钟声被外面呼啸的风暴声隐去了一半，混杂着古钢琴柔和的曲调和小提琴的空鸣。

烛光开始隐约闪烁。

房内变得昏暗起来

烛光灭了。

这时，乔已把煤油灯端了进来。对于这种仪式，她现在早已非常熟悉了。

我们的客人都消失了。在桌子下面，我注意到了伊丽莎白女王那双小巧的舞鞋。这时，我感到手里握着一个冰凉莫名的东西：我摊开手心一看，一个小型的拜占庭式的十字架上镶嵌着一颗漂亮的珍珠。

03 一场噩梦：罗伯斯庇尔和托克马达

罗伯斯庇尔和托克马达带给我们一个永远忘不掉的噩梦。

弗里茨和我都不想就寝。那个晚上太让人兴奋了，整个房间整洁如初，但餐桌一片狼藉，我们的客人看上去吃饭也不是很讲究的人。所以当客人们提出要在这里痛快地玩一晚上时，弗里茨就像所有的荷兰男人那样大声朝乔喊道："上茶。"乔马上高兴地回答："早准备好了。"

我们又谈了几个小时，但我记不清到底说了些什么，只是有个感觉，不管多么聪明、机智的人，从白天一直讲到凌晨1点，也会说很多废话。

还有一个问题，给这两位古怪者吃什么？我知道罗伯斯庇尔特别喜欢柑橙。他吃起柑橙就像伏尔泰喝咖啡一样，早上喝，半夜也喝。乔在菜单上写下了买四打柑橙。但光有柑橙也不行，还得给他们准备点什么？我想这两位肯定还会对其他的东西感兴趣。

我决定再加一个蔬菜汤，为保险起见，我想最好再寻点炸鳕鱼、芥末酱汁、炸土豆和胡萝卜，因为标准的荷兰厨师不会只上炸鱼而不上胡萝卜，这是他们的烹饪习惯，我又弄了些布丁。乔在不得不准备纸杯时遇到了麻烦，但露西做这些事情得心应手。至于酒，任何波尔多酒罗伯斯庇尔都会喜欢，托克马达弄不好什么都不喝。

我把准备音乐排除了，我们的客人好像不是那种特关心艺术的人。

至于他们有受过监禁的记录，我要跟罗伯斯庇尔好好谈谈。我对他很感兴趣，因为他的某些行为很像阿道夫·希特勒。通过与罗伯斯庇尔的接触，我们还可以更切实地了解在任何时候都可以把世界搅得一团糟的这位德国暴君的复杂性格。

一个小男孩儿坐在小木墩上，等着公共马车拉他到巴黎，他的名字叫马克西米连·罗伯斯庇尔，他的父亲更喜欢他叫马克西米连·十罗伯斯庇尔。他的父亲是个非常古怪的人，如果他一生中能忍让别人一点的话，他的小儿子就不会在30年后准备把整个法兰西引向无休止的苦难。

罗伯斯庇尔家族据说是爱尔兰血统。我是相信的，他们的狂热太像爱尔兰人了，而不像法兰西人。在他们的身上没有一点幽默诙谐的影子。他们都特别严肃，生活好像对他们来说只有严肃，生活不严肃的人就没有权利活着。

阿拉斯是法国一个很糟的地方。它让人想起稍南一点的努瓦永。皮卡第大区不怎么样：起伏的大地没有一点生机，被低洼不平的道路分解成不规则的版块，在这里，雨总下个不停。罗伯斯庇尔和约翰·加尔文都来自这个地方。

马克西米连的父亲是一位律师，母亲是一位酿酒商的女儿。他母亲嫁给他父亲后身份相应提高了。但是他母亲去世后，父亲也不见了。酿酒商家族不得不照顾罗伯斯庇尔家的孩子。一些人说他妻子的死对他打击太大，他一看见孩子的目光，就心痛得受不了，另一些人却说他躲债去了。

不知道哪个说法对。突然有一天，他父亲从德国往阿拉斯寄信来了，时间不长，小马克西米连得到消息，他父亲去世了。

孩子的父母都去世了，酿酒商家族只得尽全力照顾好幼小的孤儿。这意味着要有一大笔额外的开销。那个时候的法国家庭并不喜欢额外多花钱。

马克西米连有一个哥哥两个姐姐，他们都关心爱护他。随后他的一个姐姐去世了，哥哥也去世了。他的另一个又高又瘦的姐姐活了下来。她哪儿也不去，也不见任何人，整天躲在屋子里苦挨时光，直至她弟弟成为法国的独裁者。

在19世纪三四十年代，有许多这种不幸的女人。她们或是那种一直压

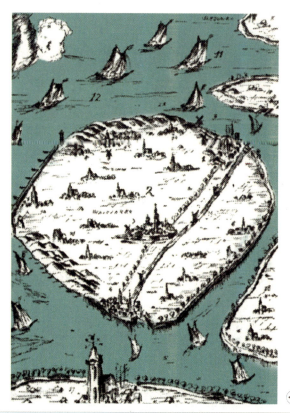

米德尔岛

迫着人民，最后死去了的男人的妻子、姐妹或女朋友。人民反对这些男人并推翻了他们，这些男人的少部分女性亲人侥幸活了下来。她们躲在昏暗的监狱里或忠实朋友的隔楼里惨淡度日。当危险过去，她们再过那种毫无意义和乐趣的生活。她们变得像幽灵一样。我曾碰到一些年长的人谈到这些事。

"她们变得非常可怕。大部分人把对她们兄妹、丈夫、情人的思念之情转为信仰宗教。她们无休止地讲述着成为圣教徒的马克西米连和她们神圣的乔治·杰克奎斯并祈祷有一天能随他们而去。一旦她们鼓足勇气花可怜的几便士买点面包、菊苣之类的东西（她们的财产已被没收，也不可能有退休金），保姆们就赶紧抢过零钱，怕钱被这些怪物式的女人触摸一下给污染了。有时晚上会有人敲门，一位上年纪的老头会站在紧锁着的大门前。他会解释说他是原先公共安全委员会成员的朋友或合作者，他逃到美国或印度去了。他有许多冒险的经历，一些还很有趣。现在他感到越来越不行了，他必须再一次跟那些有贵族血统的人讲讲话，这样他才能安静地离去。他一直讲到天快亮，然后朝着他心中英雄的画像跪拜后离去。几个小时后，宪兵队会在一所破旧的旅馆里发现他已悬梁自尽。那样的日子才是可怖的岁月，好像上帝正在赌博狂欢一样，而人类的生命却是他们的赌注。"

小马克西米连是一个非常聪明的孩子，有点学究气，其他孩子都不愿意跟他玩。他功课相当好，并喜欢让其他人知道。他是被他十分信神的姨母们带大的，所以他变成了虔诚的基督徒。但她们对神圣美德的概念只是那些已近中年的法国老处女们的幻想而已。在阿拉斯，生活在拥挤住房里的人，生活对他们来说没有任何值得感到快乐的东西。为了救自己，马克西米连躲到了一所他梦中的建在小山上的城堡里。在那里，他自我感觉比其他的人要优越些。他知道镇子里的人怎么样说他，说他不是一个合法婚姻所生的孩子，是私生子，这就是为什么他做律师的父亲迫于压力不得不娶他那平民母亲。在他小小的私人城堡围墙内，低声谈论这类事情的人当即被投进一个地牢中，慢慢地消亡。庄园主不时地下到他家里，透过门上的小孔，看着他们的痛苦。将来有一天，小城堡会变为现实，变成一个很大而真实的城堡，堡主会成为一位大人物。因而我们应保住心中的秘密，为事业做准备。

考试对罗伯斯庇尔来说相当容易。他好像一生下来就是为通过考试来的。政府需要有才能的律师。教堂也需要坚定可靠的支持者，因为那时所谓的"邪教"很多，"邪教"代替上帝占领了人们的思想，它甚至鼓吹男人的神性。这不可避免地引起了混乱。因为"邪教"认为上帝不是宇宙的统治者，那么教皇的权力是什么，主教的权力是什么，神父的权力又是什么？

马克西米连从来不会为上面这些事烦恼，他只知道学习，偶尔去弥撒，去参加圣餐礼。小马克西米连努力抓住一切机会向前走。

巴黎伟人路易大学给了他奖学金。他把破旧的衣服放到木箱里，姨母们为他祝福，他满怀信心地来到首都。

他并不喜欢这所新学校。他人长得有些苍瘦，而且不太漂亮。他的风度举止古板，缺乏魅力。但只要用拉丁文写作，他所有的同学都赶不上他。

有一天，国王路易十六和王后玛丽·安托瓦特准备视察这所学校，罗伯斯庇尔作为全校最优秀的学生被选出唱欢迎颂歌，他穿上一套漂亮的新衣服，他一生中第一次穿丝绸衣服。他将是欢迎场合的主角，当他背咏圣歌时，其他的人只得跪在他旁边。

那天下午正巧下雨，欢迎仪式推迟了。当王后来到时，她已没有兴趣听一个小男孩儿唱难懂的六韵步诗。她告诉她丈夫，他们一天已做得够多的了，国王就告诉随从走吧。穿得漂漂亮亮的小罗伯斯庇尔依然孤零地跪在泥里，手拿着诗稿，他还没有得到一天的喜悦，就成了大家的笑料。

马克西米连·罗伯斯庇尔并不是那种被人嘲笑而无动于衷的人。他永远忘不了他的耻辱。13年后，他强烈要求将路易十六和他的妻子推上断头台，认为只有这样法国才会存在下去。

马克西米连顺利地毕业了。姨母们都来看他。而他却去看主教了。主教看到这么一个又有知识又对上帝忠诚的人，很满意。就让他在阿拉斯主教管区当了一名法官。马克西米连终于作为有身份的人，有固定职业和收入的人，回到了阿拉斯。

他把自己完全融入了这个小镇，花更多的钱买衣服，加入地方文学、音乐社，在公共集会上朗诵自创的诗歌。

但就职不久，他就辞职了。作为法官，他要判处罪犯死刑，这对他来说太残酷了，因为他热爱人类，他想让所有的人都生活幸福。

在前10年中，罗伯斯庇尔尽一切努力用和平的方式使他的信念成为现实。然后他发觉人本身所固有的缺点很难根除。这一点他不能容忍。如果这些人不改变劣性，他就会毁了他们，他们一直到死都坚持这种信念。在他自己完结之前，他相继签名处死的人比路易十四、路易十五、路易十六统治时期都要多。

对一位来自边鄙小镇、没有背景的律师而言，这实在是项大成就。

令我感兴趣的是，那样一种背景的人奇异的精神和情感发展，他虽然有种种先天不足，却不仅在法国历史，而且在整个人类历史上都打上了自己的烙印。

我想正是19世纪上半叶德国著名悲剧演员克里斯蒂安·弗里德里希·黑贝尔给我们提下了这样极其稀奇的理论，即每一位伟大的艺术家都是潜在的大罪犯，反过来亦然。我对这些思想还研究不深，还不能给人们一个确切的答案。

就像施本格勒那样，黑贝尔是大家喜爱的作家，因为读他的书时，大部分时间你会感到愤怒不止，并因此进行一些思考。偶尔你对自己说："他们看来至少讲了一些东西！"并抛开自己习惯性的思维轨迹，循着他们的思想得出一些新的结论。有时你会被不快的孤零零地抛弃在一个纯粹的无知的高不可攀的墙前。但偶尔你会发现一个窄巷，由此你能到达一个出人意料的新的思辨领域；每一位具有创造性的艺术家都是未实现其真正天职的罪犯，而每位罪犯都是接近其令人不快的天职的艺术家——这一思想如何，让我们瞧瞧吧！

按照黑贝尔的说法，莎士比亚如果不是在描写谋杀方面找到一个发泄口的话，自己就会变成拦路抢劫的强盗，并被送上绞刑架。但是，当他向我们谈论世界最伟大的恋人时，这个罪犯试图证明什么呢？

坡、斯特林堡、陀思妥耶夫斯基和尼采，无疑都热衷于描述那些现今称为"不正常心理发展"受害者的普通人。他们不使用街上常人的语言，他们是"怪人"，虽然这是一个无比高贵的术语。"不正常的心理发展"，不好听的诊断结论，但我不敢肯定这能完全证实黑贝尔的论断。

同时，必须承认，许多伟大的有创造能力的艺术家们，如果没有"艺术灵感"，使他们免于被绞死或被流放囚禁在什吕塞尔堡或巴士底狱，其结局也是很悲惨的，这种不太正常的情况无疑是存在的。

被许许多多人指斥为世界上最危险罪犯之一的希特勒，最初企图成为艺术家、画家以及建筑师，但因能力低下而被所有的艺术学校拒之门外，正是由于这种被压抑的欲望，导致一系列疯狂、愚蠢的行为。因此，在孩童时期的挫折很可能对人的一生产生可怕的影响，而如果这种挫折是基于对他品德的认可之上，将愈加危险，因为这将使得他拒绝接受真实的生活，而以他自己的想象来重塑世界。

在我看来，罗伯斯庇尔便是这样一个人，从他被派往凡尔赛代表家乡的人们支持国王以使国家不至于破产和陷入无秩序之时，他认识到机会终于来了，他将塑造追随者们的思想，如同工匠赋予泥巴以形体一样，法兰西将战胜逆境，光荣地崛起，而来自阿拉斯的一位无钱无势但拥有不可摧毁的意志和坚强性格的普通律师将是它的救星。

为了救自己，马克西米连躲到了一所他梦中的建在小山上的城堡里。

当我最后一次在德国时，听到了有关他们的新领袖——阿道夫·希特勒的铁一般的意志和坚强品格的描述。人们告诉我："他从不喝酒，从不吃肉，从不吸烟，从不吻女孩子，他将全部精力都投入伟大的理想中。"

"难道他真是这样吗？"有一次我故意问道。

天哪！革命绝不容许戏谑，朋友们立刻把我拉走，并劝我乘下班火车到荷兰，否则我肯定会吃苦头，甚至送命。同样，一个半世纪之前，任何一句关于无敌的法国大革命的不敬的话都可能导致同样的后果，因为正直的人们从来都是极严肃地对待自我。

罗伯斯庇尔的对头米拉波，出身贵族，喜食新鲜水果，他十分了解和熟悉他所有属下，听过罗伯斯庇尔的一次讲演后，表述了对罗伯斯庇尔的看法，他说："那个有着肮脏嘴脸的、来自庇卡第小城的目光短浅的律师，将不可估量，因为，他狂热地确信他所讲的一切。"

事实上，的确如此。下面是罗伯斯庇尔最后10年的一个概述——这些客观的事例，将使您明白这样一个低能儿是怎样做到随心所欲、为所欲为的。

这个未来的独裁者起初就像大多数大革命前的法国人一样，是一个中产阶级，执着的王权主义者，直到国王和王后犯下了无数愚蠢的错误，败坏了在臣民心中的形象为止。从此，"公民"这个字眼作为被摆脱无法容忍现状的唯一出路，而流传开来。

即使这样，王权仍然具有绝对的威严。当饥饿的暴徒们冲入凡尔赛王宫，并派出由屠夫、女工、渔妇和刽子手组成的谈判团，去建议国王陛下，"王室成员必须到巴黎和他们的臣民们一起生活"时，有三人慑于国王陛下龙威而昏倒。

在起初的几年中，罗伯斯庇尔也加入了立宪会议。当时，人们普遍认为，法国必须革命，信仰必须重塑，大众的权利应当被确定，也就是说，人民应当被尊重。但是他们也认为，有谁胆敢碰法律的象征、伟大的国王一个手指头，将被严惩。

这是第一阶段。在此期间，我们的主人公常讲，在此阶段并不是以理服人，而是要用你的形象和感染力去引起人民的瞩目，而且在数千个像他一样来到凡尔赛，期待建立一种更合乎国情的制度而拯救祖国的人们中，只能有一个获得成功。

紧接着便是第二阶段。事实证明，那位大腹便便、懒惰却又好脾气的法兰西统治者，是无法做到令上下都满意的，而同时，王室成员和贵族们纷纷阴谋背叛祖国，企图让法兰西向那些扬言"不铲除世界上所有反叛，革命的隐患决不罢休"的外国屈服。渐渐地，整个欧洲都意识到，"革命"，这个可怕的魔鬼最终将露面。

正如埃贡·弗里德尔恰如其分地指出的："只有当军队不再中立，革命才成为可能……"而只有当人民（士兵们的父母姐妹兄弟）在挨饿之时，军队才不再中立。

为什么这种情形会在当时欧洲最富饶的法国发生是个谜，即使是在今天我们掌握了所有材料之后，仍很难做出回答，但我将进行一些大胆的猜想。

国王，仅是一种象征，事实上仅存在于创造这一概念的人们的想象之中，而这一点往往是动荡的根源。因为，国王必须使每一个人都满意，400年，500年，甚至600年，都要如此，只有那样才没人会寻求一种新的政体。如果某一天，某人认为他发现了一种崭新的，更符合国情的政体，他可能会告诉他的邻居，也可能写成小册子，问周围的人："我的建议怎么样呢？"

如果他远远超前于时代，士兵们将拘捕他，法庭将给予严惩——甚至他可能被处死，但如果他的建议比较温和，或者说有一定的道理，将得到人们的响应，如果被王宫的密探们得知，王室将迅速扑灭这些苗头——当然这一切要建立在王室对它的"演员"们绝对的控制上。知情者告诉我，一个笨拙的演员是分不清他和他的角色的，为了表演，他只能尽可能地贴近角色。也就是说一戴上哈姆雷特的头盔，他就是成了真正的哈姆雷特，而这将导致可怕的后果。

出色的国王、君主、首领和美国总统，都是优秀的演员，他们知道演戏是一回事，而现实生活是另一回事，生活和舞台有很大的差别，明白了这一点，他们会很乐意地听从舞台导演们的建议，表演将获得成功。

英国是一个成功的典范，它的领袖意识到自己只是一位演员，是国宴上的一种象征，表演中是不能有任何个人的看法的，不能任意删减，而这无疑是英国王室在欧洲各国王室经历了毁灭性的天翻地覆之后得以生存的原因。

18世纪的法国像12世纪的俄国一样，可怜的小丑们披着政府的制服招摇过市，他们误以为自己是在表演，误以为只要头戴王冠、手持法杖、身着银色坎肩，就会让贫苦百姓们卑微下跪，最终，当一些勇敢的人们——很明智很有策略地——告之这一错误，并暗示他们应当仅是一种象征，而繁重的表演任务应交给总理和匡务大臣们时，他们说"不"，也决不允许这样，于是这些明星们的命运便注定了。

过熟的蔬菜必须扔掉！王宫外抗议声四起。

为什么这些呼声在法兰西不为人注意呢？不得而知。人们开始努力思考，积极地想办法，图书馆里到处都是有关"如何使令人不满的条件得以改善"之类的书籍，所有文明世界能得到的知识——包括"新"观点——笛卡儿所强调的"眼见为实"——都被收集到著名的狄德罗、达朗贝尔、伏尔泰、卢梭忘以及18世纪上半叶其他哲学家和伪哲学家的百科全书之中。

牧师们也对此产生兴趣，加入了关于改革的大辩论中。

19世纪中叶，指责王室幕僚们导致王权的衰落成为一种时尚，幕僚们被指责太专注自己的事而不理睬人们的合理建议，有的人只注意那些可能侵犯他们利益的事，但有的人很清楚地注意到墙上的口号，意识到如果人民忍耐到某个程度，终于被激怒时，一系列的恶果将随之而来——最终王权将被摧毁。所以，我认为如果大臣们此时一起来，建议国王实施变革，必定会避免这种结局，即便到了最后时刻他们仍可以这样。不幸的是，国王有一位自认为是伟大无双的女明星——实际上，只是一只自负的母鸡——的妻子，当这位奥地利公主成为密谋阻挠和破坏变革的中心时，一切都晚了。

经历了天翻地覆后，古老的波旁大剧院荒废了，里面的一切被捣毁，成千的无辜者被践踏致死，政府的标志也被暴徒们烧毁。

但是当这一切结束后，新的徽章、新的标志又被设计出来，又有新的演员来登台，新的舞台导演来指导他们，不可避免地，各个小省份的官员们纷纷跑到巴黎，推举他们的朋友担负某某职务，用他们的话说，比那些大省份的竞争者们更可信。此外，新政府还会新建剧院，展示自己的权力。

正是在这个时候，罗伯斯庇尔掌握了大权，并从此被载入史册。

他开始非常仔细地实施他的计划，那时他只是制宪主义的一员，该组织在法国确立一种崭新的集权统治，罗伯斯庇尔缓慢而仔细地行动着，他已经非常突出（在处理细节方面他是一个强有力的优秀的人才）。但是，为达到目的，他必须找到一个工具，帮他凌驾于他人之上，这在保守的凡尔赛是找不到的——那里仍然被宫廷忠实的守卫者所统治。因此，在伏塞利斯，他无法统治法国，那时的法国因政治主张的不同而四分五裂，省和省之间是仇敌，所以拥有一支坚强的、随时听令的军队，计划才能实现。

这个组织便是住在巴黎贫民窟的一无所有的人们，他们长年以恶劣的住宿、糟糕的食物度日，他们衣衫褴褛，被践踏了数百年，现在开始意识到自身的力量，这些男人、女人期待着有人带领他们，报复数百年来所遭受的压迫和虐待。

罗伯斯庇尔早已意识到，如果对这些杂乱无章的人们加以正确的指引，完全可以实现革命——至少是他的那种革命。

作为精心策划的第一步，罗伯斯庇尔成为巴黎公社的一员，最初他对自己的背景严格保密，因为他的时机还未成熟，还需要做许多准备工作，而且只有他这种品格的人才能如此耐心、缓慢地行事，才能知道如何等待时机，而莽夫们很可能早已冲到前面，白白浪费宝贵的机会，甚至身陷囹圄。

出于长远考虑，他还加入了一个民族组织——类似于18世纪美国坦幕尼协会——叫作雅各宾俱乐部，因为该组织常在一个从前属于雅各宾家的俱乐部开会，雅各宾这个字眼使许多巴黎人联想到多明我会。起初，这个组织很不起眼，仅由一些制宪会主义中的布列塔尼人组成，他们害怕（事

实上的确如此）政府会通过让国会不停地开会、讨论，讨论、开会，直到
人民厌倦了无穷的争论，那样政府便可以出面说，这样下去，什么协议都
不可能达成的，然后他们会派出代言人来处理一切，最终，必然会恢复强
权统治。

这些明智的布列塔尼人认识到，除非全法国的人们都被唤醒，认识到
这一事实，议会才会真正有权力，而这些必须要等长期以来被剥夺发言权
的法国人民彻底接受了教育后，人们才能真正对议会产生兴趣。

于是雅各宾派首先要对法国人进行政治启蒙。很快，每一个城镇都
成立了一个雅各宾派俱乐部，在那里，具有左翼倾向的人们一周会面一两
次，交谈、讨论、辩论，参加满是美味佳肴、雄辩讲演的晚宴。此时，群
情激昂，只要加以煽动，对现实的沮丧、对形势的不满将汹涌而出。

严格地说，尽管雅各宾对政治有浓厚的兴趣，但是距真正意义上的消
灭王权，代之以共和相距甚远。就
连米拉波和西耶士教士之类温和派

演员用来表演的脸谱。

也以侧身其中为荣，因此，有人提议为加强组织的力量，应在各分散俱乐部的基础上建立固定的联络体系，以便将来认清谁是他们真正的朋友。

此时，制宪会议的其他议员也成立了很多组织。原属雅各宾派的斐扬俱乐部成员感到，他们的俱乐部正朝着不能容忍的方向发展。所以他们建立了中间派组织，总部设在西多会一个旧修道院中。

还有吉伦特党，实际由来自吉伦特区为数不多的人组成——该地区毗邻波尔多——那里是杰出的蒙田先生的故乡。他们预感到由于王后的欺诈和国王的软弱和短见，有必要建立共和国。但他们希望自己做博学的绅士公民——罗马人称为"优秀公民"，他们不想重复古希腊民主的错误，因为那种民主最终退化为纯粹的暴民统治。

优秀的议员实际上都加入了吉伦特党，这意味着他们退出了雅各宾俱乐部和斐扬俱乐部，而斐扬俱乐部成员到最终也都保留着绅士风度，雅各宾派则迅速滑向极端，他们是法国大革命中的"布尔什维克"，正如吉伦特派和斐扬俱乐部是"孟什维克"一样，本杰明·富兰克林可以划为吉伦特党，而波士顿的塞缪尔·亚当斯肯定是疯狂的雅各宾派成员，他们不断地鼓吹，将努力消灭全部独裁者。

在这个法国政治生活中最重要的时期中，国王和王后却在凡尔赛宫玩马球。下面，我们一起来看罗伯斯庇尔是怎样逐步成为主宰的。

为了达到目的，他必须先扮演一个角色——很简单，就是要让所有法国人随时都看得到他的形象，听得到他的演讲，要让所有人都热烈地鼓掌，狂热地追随他，为此，他努力使自己成为公民道德的典范，以驳斥那些指责他缺乏道德的人。也许黑贝尔是对的，每位伟人或领导者在内心深处都是艺术家，罗伯斯庇尔的表演天才在舞台上发挥得淋漓尽致，随着马克西米连·罗伯斯庇尔成为主角，大革命从此演变为一场悲剧。

当法国开展对外政策大辩论时，罗伯斯庇尔的机会来了。此时议会被解散，让位于更实际的立法会议，将由它组建新政权，吉伦特派及温和派主张对外战争，他们认为只有那样，才能使四分五裂的法国团结起来，真正成为一个同仇敌忾的团结的法国，所以，应对所有欧洲独裁者宣战，让法兰西的军队给全世界带去自由、平等、团结。

雅各宾派强烈反对这一计划，他们知道王室也希望战争，因为如果取胜，奥地利和德国军队至少会让这些老是站在王宫窗下疯狂呐喊、吵得王子们不能入睡的家伙们收敛一些。事实上，玛丽·安托瓦特正在利用每一个机会怂恿她奥地利的亲戚们摧毁大革命。

在立法会议中，激进派几乎都是雅各宾派，他们喜欢坐在靠墙的高高的座位上，因此他们被称为山岳派，斐扬俱乐部逐渐从舞台上消失。整个争论是在激进派（山岳派）和坐在大厅中座位上的温和派（平原派）之间进行的。

已等待多年的罗伯斯庇尔，往日的羞涩不见了，他明白，此刻不仅巴黎人民，而且全法国的人民都在倾听，而他有很多话要讲。

那时，王室已经从凡尔赛搬到了巴黎，因为"处于忠诚可爱的巴黎人中间，更安全一些"——雅各宾派曾公开宣扬的——事实上，他们强迫国王、王后从凡尔赛回到冰冷的杜伊勒里宫，那里75年没有人住，所有的家具都被拿走了，陛下仅能生活。

紧接着，陛下和王后犯了一个致命的错误，从而付出了生命的代价。

玛丽·安托瓦特王后有一个年轻有为、英俊的朋友，是一个忠实的瑞典人费森伯爵，美国南北战争中，他曾作为罗尚博的副官立下了卓著的功绩，在瑞典住了几年后作为瑞典国王的亲信回到巴黎。

应当肯定费森忠诚的动机，他对可怜的国王和王后完全受制于巴黎暴徒的生活，甚至不如犯人的情形非常难过，并为他们的逃亡做了充分的准备。一天晚上，他秘密把国王一家接出王宫，上了一辆马车，飞快地驶往边境，当似乎万无一失的时候，费森下了车，让国王一家接着赶路——他本应一直护送国王一家，直到他们处于瓦雷那镇那边的奥地利骑兵保护之下，但事实他却过早地放心地下了车。

如果上帝注定一个人的死，是没有人能挽救他的。早在逃亡前，美丽的王后已决定到斯特拉斯堡时，要让她最宠爱的理发师来做头发，于是逃亡前几天她就派费加罗启程，为那一伟大的时刻做好准备。

回想起来，在西班牙维多利亚女王逃离她动荡的国家到达巴黎的那天早上，我正和法国著名时装师杰克·沃斯聊天——他的祖父曾被第二帝国多次表彰——电话响了，接完电话，杰克绝望地对着天空，"他们没救了，"他说，"他们怎么永远都这样呢？刚才在默里斯的西班牙王后，要我尽快把一件新款时装送到旅馆去，她说她将需要一些时装。上帝，昨天她才丢掉了她的国家，平安到达巴黎后第一件事便是时装，他们难道从来不记得？"我说："也许吧。""不，他们永远不会记住的！"他斩钉截铁地说。

从血缘讲，玛丽是最后一个西班牙王后的姐姐，在逃亡中——也许是她最后的生机——她想到的只是要让某个著名的理发师为她做头发，那个多嘴的家伙当然不会放过这个炫耀的机会，他暗示不久某位重要人物将来临，"老天，如果你们知道他是谁，你们肯定会大吃一惊！"

他的听众们的好奇心胜过了惊讶。现在看来，流传了几个星期的王室人员要逃亡的谣言确有其事了，雅各宾派开始到处搜寻一架拉着国王全家逃往边境的马车。

费森周密计划的另一半是被国王断送的。他食量大得惊人（却没有半点美食家的灵感），他必定在固定的钟点进餐，所以，他坚持要停车休息，因为天就要黑了，而且谁也不能保证他是否有机会再吃到美味的法国鸡腿，马车停下来了。不久，全镇的人都被惊醒了，这个外来的家庭大声地寻找食物，聪明的人们三三两两地起来，而且很诧异，这位自称是奥地利爵士的人怎么和他们口袋里金币上的人这么像呢？他们问这儿问那儿，还敲响了教堂钟。四邻的人们以为奥地利人来了，马上武装起来。第二天早上，国王仍在吃着他的鸡腿，人却已在押往首都的路上了，王后、王子们也一样。

经过这次风波，每一位法国人都会问，我们怎能再相信这不自重的奥地利女人和她愚蠢的丈夫呢？人们对密谋几乎得逞而感到后怕，对加佩一家（现在人们不再称他陛下，而叫他加佩公民）愤愤不平，而国王和王后的命运也就注定了。

随后法国向奥地利宣战，杜伊勒里宫被巴黎暴徒们攻破，瑞典卫士们战斗到最后一个人，身着红色盔甲的国王被关到市中心圣殿骑士团的旧城堡，在那里度过了他的余生。暴徒们还冲入巴黎市政府，开始了铁腕统治，拉法耶特将军被宣判为法国的敌人，不得不逃亡，并向众所周知有着奥地利式愚蠢的哈布斯堡王朝投降，后者视他为罪犯，把他一连几年卷入很不舒适的监狱中，而他在那里一再向美国求援，但徒劳无益。

作为最后的一根稻草，不伦瑞克公爵这位现在指挥所有反革命军队的旧式军官发表了著名的宣言，威胁要绞死所有不立刻向他投降的法国人。这难以说是使他自己讨得监禁国王的人喜欢的方式。假如此刻，法国群龙

逃难中的工业成员。

无首，人们也许会在公爵阁下冗长的文字努力面前发抖。同时对普鲁士老兵的担心可能会使他们迅速西进。但奥地利人和普鲁士人在这方面都犯了错误。大革命最终找到了自己的领袖，雅各宾派已将吉伦特派赶出了政府，并开始熟练地管理国家——想想看，他们大部分只是些三十出头的年轻人，对政权管理并无经验可谈。

上面是有关法国大革命的相当详细的描述，生活在今天的我们应当了解这些，我们应当熟知这些历史，因为它们曾经不止一次地发生过，而且这一次就在我们鼻子底下，尽管我们装作不知道，我知道其中的原因——怕什么！历史从不会倒退。有些人拼命想爬到最高处把握别人的命运，而最终这些"革命派"们必定要自相残杀的。

纳粹是今日之雅各宾派，每一位纳粹首领中我都可以找出一位同样的雅各宾派成员，希特勒就是罗伯斯庇尔的样板，如果他生在法国，他一定会干罗伯斯庇尔所干的一切，他也将会站在幕后，而让他人去做一些"肮脏的活儿"，那是每一场革命前不可避免的准备。

罗伯斯庇尔很明智地把他和冲突中任何事情分开，但在背后，他煽动并助长因国王企图逃跑而席卷法国的混乱，谣传在莱茵区的逃难的贵族中存在第五纵队运动，于是人民开始搜遍每一个角落，到处逮捕间谍和叛国者。

反偷袭、反恐怖、反暗杀的任务落在一位没有名气的年轻律师肩上，他叫乔治·雅克·丹东。和罗伯斯庇尔一样，他早已认识到，革命如果没有一支武装力量的支持，便不可能胜利。而现在这支武装力量正在巴黎的贫民窟随时待命。除此之外，两位领导人便毫无共同之处，丹东好色，喜好美食、美酒以及生活给予健康男子的一切。他贪得无厌，他认为最终通过自己独有的"煽动家"天赋，将可以控制法国。

丹东看不起体弱多病的罗伯斯庇尔——每天都花几个小时用纱布包扎受伤的腿，并且直到他时髦的假发做好了才来俱乐部，而且从来不酗酒（多么可爱的字眼！），他连续数小时钻研于他滔滔不绝演讲稿的每一页，只有一件事件可以把他和异性联系起来，那就是无论去哪儿，都要把自己装入自律的套子中——丹东从不自律，他唯一与美德联系的便是，常常惦记着远在香巴尼的故乡的姑姑们的健康。对丹东来说，生活便是享乐。

那时，他们彼此需要对方，于是他俩都小心地把刀子藏起来，预备着哪一天刺入对方背后。罗伯斯庇尔则更仔细，只是在幕后操纵，丹东则冲在前面，通过一系列大胆而成功的冒险，阻止了失败情绪的蔓延，这些大胆的行为使得他的名字和世界上最成功的刺客并驾齐驱，除了看到被处决的受害者时，没有了丝毫的高兴外，他沉迷于自我而扼杀了他人同样的权利。

这是很不人道的。应该说明的是，丹东也是一位执着的爱国者——和所有优秀的法国人一样——他痛恨那些不动脑筋的人，而几乎所有的法国人都拒绝用上帝赋予他们推理的能力去思考和解决问题。在丹东看来，如果任何事都被想到和做到，那么任何困难又和简单的数学题有什么区别呢（多么精辟）？他个人对国王没有仇恨——他一直认为，这个可怜的家伙本应是一个出色的锁匠，一位模范的父亲，如今却错误地扮演了一个不相称的角色，话又说回来，这位诚实的加佩公民是否被他美丽而野心勃勃的妻子牵着鼻子走，则完全取决于他自己，丹东将告诉这个可怜虫，像这样的女人应该怎么处置。

对那些富有而又新潮的年轻贵族来讲，他们仍梦想凡尔赛被朴实的奥地利军队占领，这样他们可以获得重生，可以摆脱奴役——但现在他们却不得不离开，越快越好！

1792年9月2日凌晨，巴黎的警钟敲响了，对首都的强盗和罪犯们来说那是一个信号，也就是说，他们可以出来了，气氛很紧张，禁止询问任何事情，五天后，谣言蜂拥而起。所有的敢死队员都回到家中，他们彻底解决了一件事情：王室的大多数成员和君主立宪制的支持者们都被消灭了，死亡的数量永远是个谜，估计在1200～1500人。随后，街道被冲洗，大革命继续进行，雅各宾宽松的工作服（而以前是紧身衣），肮脏的头发（除了罗伯斯庇尔，他的衣服洗净后很仔细地收起来），红色的自由军帽和滴血的军刀，令人不寒而栗。

法兰西就在他们脚下，但究竟是谁的脚下呢？立法院被消灭了，国民公会取而代之，并宣布自己是政权的代表，但在这个由有一半以上从未涉足政坛的人组成的政府中。谁是核心呢？起初丹东控制了国民公会，他认为现在高枕无忧了，他娴熟地行使着权力。几个月前进攻法国的奥地利、普鲁士人被从全面击退，随后，法国希望重划国界——比如东部的莱茵区和北方的默兹区。

9月大屠杀后的两个星期，消灭了王权，法国成立了共和国，基督教历法被视为无用的、过时的遗迹而抛弃，1792年9月22日成为新纪元的第一天，12月，国王被判死刑，将于1793年1月处决，这是一个半世纪以来此类事情第一次发生——受洗的国王上了断头台，欧洲为之震惊，奥地利、英国、普鲁士、荷兰、西班牙忘记了他们之间的利益冲突，组织联合战线，向那些衣衫褴褛、胆敢对圣路易的后代动手，并残酷地把他们送上断头台的歹徒宣战。

法国再一次成为人类的敌人，教会的密使们纷纷逃往布列塔尼和文地，在北方的旺代省，一些朴实的农民仍信奉上帝以及其主人借权威之名掠夺他们的神圣权力。这些贫穷的旺代人发动叛乱，杜穆瑞兹将军被拥为首领——如果他当时勇敢地向巴黎进军，也许早已将雅各宾派赶走（因为大多数法国人对处死国王仍震惊万分），但他没有胆量那样做，反而投靠了奥地利人。恐慌再次在巴黎的大街小巷游荡，又到了消除恐怖的时候了。

1793年3月9日，革命法庭在巴黎成立，法庭不需要任何证人或律师——公正不能向怜悯低头——或者无罪，或者被处死，而通常是后者。

一个月后，法兰西开始强权统治，一个由9人，随后迅速地增加到了12人组成的国家安全委员会负责国家行政事务。

丹东、罗伯斯庇尔都在其中。从那时起，处于从属地位的趋炎附势者本末倒置地执掌了政权，巴黎统治着法国，坏蛋们控制了巴黎，他们中有不切事实的夸夸其谈者，有仅从书本中了解社会的书呆子，有拉皮条的和妓女，有王室的叛徒、被开除的教徒，有被社会抛弃却自认为是伟大的、埋没多年而不得不与裁缝们为伍的，以及所有因这个世界没有按他设想的方式运转而满怀仇恨的人们，这些肉体上、道义上、精神上的弃儿们发现，他们正处于权力的中心。

"前进，祖国的孩子们！"复仇的日子终于来临！此时，罗伯斯庇尔独自坐在房中，不让任何事打扰，他的健康再一次到了很糟糕的地步，这位来自阿拉斯的律师、伟大的马克西米连·罗伯斯庇尔公民，他颤抖的手中掌握着法兰西的命运。

当不知疲倦的卡诺在寻找救国大计之时，罗伯斯庇尔终于可以专心给大革命树立一个新的理想，这个理想将证明大革命是在20世纪最伟大的实践，它将使基督教和犹太教徒们目瞪口呆、不知所措。

首先，必须教训那些扛着国王的画像反抗法军的旺代省农民。10月到12月，农民们几乎全军覆没，随后，在南梯斯设立了革命法庭，死刑犯成千上万，因为共和国没有那么多子弹和绳子，把他们全部杀死，所以犯人们被装到船上，推入河中淹死，他们的家人必须跑到很远的下游才能把尸体捞起来安葬，而共和国是没有精力去顾及这些的。

10月，王后玛丽·安托瓦特接受审判，这是历史上最不光彩的审判，她的小儿子指控她与自己孩子的性行为，她被判处死刑，行刑的细节以及她在这世上最后的几个小时中难忘的恐怖，无疑是都普雷家饭桌上最乐意的话题，马克西米连曾在他们家所在的镇上住过，并和他们的大女儿爱伦诺瑞结成事实婚姻，她像《费德利奥》中贝多芬的女主人公一样崇拜她的丈夫。

不管怎样，事情发生了。王后死后不到两年，她的小儿了也将失踪——可能是和醉醺醺的修鞋匠出海后发生的。

1793年10月的最后一天，雅各宾派的死对头，21名吉伦特分子被砍头，处决的人数以恐怖的速度递增。

罗伯斯庇尔是一个很仔细的人，他一生中从不听天由命，他把每一件事都非常有条理地在一个本子上记下来，本子上全都是那些被怀疑"有反动倾向"的密密麻麻的名字——没有必要去寻找反叛的事实，被怀疑本身就足以把一个人列上黑名单、送上断头台。在法国，砍头已经不再是什么惊奇的事，而且人们也不再被砍头，而是被一架由古鲁蒂恩大夫发明的新机器所粉碎。这个令人恐怖的、来自波尔多的耶稣会学院的老师希望囚徒们能够免除他们的头被刽子手放在槛上的最后一刻恐怖和痛苦，他在中世纪的一些笨拙的、奇形怪状砍头机的基础上进行了改进，现在新机器可以用三种方法来操作，从犯人被押到机器前到处死，不到一分半钟。

顺便说一下，在当时，这项发明引发了严重的就业问题。在法国，刽子手是很光荣的职业，可以代代相传，常常有不少古老的刽子手家族夸口3个多世纪以来他们家族从没有任何差错和抱怨，而现在他们发现，如同数年前蒸汽机威胁手工织布机旁的织布工们一样，他们陷入了困境，使用新机器不再需要数年的学习，不再需要掌握控制斧头、系死结的技巧，任何傻子都可以操作，数百年积累的经验没用了，很多很好的配件——20英尺（6.10米左右）长的绳子和削尖的斧头没用了。逆来顺受的诚实的法国人很欢迎这一发明，因为可以很轻松地把它从一个地方搬到另一个地方，而当地的经济却因此遭受损失，因为现在一个人可以干以前一打人的活儿。

信不信由你，这架仁慈的机器被推荐到很多城镇之时，甚至引起了骚乱，里昂471号大街那些以杰克·凯奇为首的衣衫褴褛的人，高举着"政府对刽子手不公平"的标语，在断头台前游行示威。

确实，这都是往事，因为现在想想国家终于建立了，马克西米连·罗伯斯庇尔将成为它的领袖，遍布法国的革命法庭举行了神圣的庆典，同时，他们发誓要让那些顽固的维护君主立宪制的梦想家们付出代价。

一旦新的理想之国的基础打好，主所选定的人被抛到一边之后，便轮到主本人了。他也被禁止，同时遭禁的还有他的教会，取而代之的是一种新型的、奇怪的"理性崇拜"。

"理性崇拜"长期以来一直是一些著名的革命首领的特殊爱好，这一新教义的先知之一便是自称安纳卡恩·克洛斯的假德国子爵（他的教名实际上是让·巴蒂斯特），他宣称自己是全人类的宣道人——当那些别有企图的人赶赴巴黎，期望能赶上理性上帝降临之时，克洛斯早已在巴黎——即使展示在人们面前的新上帝是一个女孩子时，他的热情也毫不减退（顺便说一句，那个扮演"理性女神"角色的可怜的孩子，第一次接受人们膜拜时便几乎送了命。因为那天她在祭坛上跳舞时狂风大作，举行仪式的巴黎圣母院就像坟墓一样冷，她穿着薄薄的衣服，不得不站了很长时间，最后得了肺炎，差一点进了坟墓。

这场闹剧却鼓舞了所有坚信自己将统治世界的白痴们，他们兴高采烈地采取一系列非常粗野的行动，搅得鸡犬不宁。令人奇怪的是，托马斯·潘恩那样明智的人，竟对此看得很重，著名的德国戏剧家席勒博士，甚至接受了这个疯狂国家授予他的"荣誉公民"称号。

但我们应记住，所有这些荒唐的行为与当时的"把法国人同他们过去分开"的政策是相符的，所以那位坚定而理智的领导人，疯狂时代一位冷静的人，丹东在那些疯狂的人们尽力忘掉和以往加佩公民统治有关的一切的时候，开始思考别的问题。

罗伯斯庇尔并不具备这种令人可笑的漠然——卡莱尔称他是"清廉的绿海"——我要提醒你们注意，马克西米连深受慢性便秘之苦，病痛令他脸色像纸一样苍白——永远不会变绿。

尽管对人类所遭受的灾难漠不关心，但罗伯斯庇尔内心中仍是一个虔诚的人，即使是处于病痛的煎熬中，他仍无法理解为什么克洛斯和他的弟子们能如此令丹东他们开心，他非常厌恶这种对理想的篡改，并决定结束一切，形成真正的美德，所以虽然表面仍然诚挚地对待国家安全委员会的同事，暗中却加快了在他的小册子上记录。

此时，罗伯斯庇尔已经体会到出其不意的好处，所以他耐心地布下陷阱，直到第二年，1794年春天，他才收网。

还没明白怎么回事——委员会中的激进分子们、克洛斯和他的朋友们，甚至包括丹东——已被关入大牢，接着被匆匆送上断头台，大部分人临死还不知道这一切是怎么发生的，除了丹东，他是一个天才的演员，他把对他的审判和处决变成了一场壮观、宏伟的表演，即使罗伯斯庇尔也感到了一种压力，但这并没有持续多久，丹东犯下了不可饶恕的罪行，很快同他的同事、朋友、伙伴们一起，被送上天堂。

还有很多事要做，不能因一个人的感情冲动而浪费时间，法国人必须回到公正上来。不久，一项宣布"国家视人类为至高无上"的提案在议会这个曾令人敬畏的机构上提出并通过，上帝重新回到了人间。

为了让全体人民都知晓这一喜讯，6月8日，以"至高无上的人类"的名义举行了盛大的宴会，这一天是马克西米连一生中最幸福的日子，同伟人（如阿道夫·希特勒）一样，马克西米连喜欢举行大规模的庆祝活动，以展示他艺术家的天赋，我们收集到许多关于那一伟大的史剧的报道，看得出这些都不是罗伯斯庇尔的朋友们写的，而是那些希望他早死的人们写的，因为只有那样他们才可能活得更长。

在所有的关于那一场戏剧的报道中，有一个完全相同的令人吃惊的事实，那就是如此理智的人竟会自欺欺人——罗伯斯庇尔自我感觉是最优秀的。他很仔细地设计了这场戏剧的每一个细节，因为它是一场真正意义上的"戏剧"——大型的露天演出，穿着洁白的长裙，秀发上满是美丽的鲜花的圣洁的少女们唱着赞美诗，所有议会成员被要求穿着正式服装参加。最后，当人们筋疲力尽地准备回家时，伟大的马克西米连发表了洋洋大论，并且为巨大的代表正义战胜邪恶的雕像揭幕。

演出并不成功，出了一些小漏洞，在罗伯斯庇尔高举火炬冲上前时，代表邪恶的外壳应当化为碎片，露出代表正义的内核，但是那天，外壳并没有化成碎片，而关键时刻火炬也没有着，使得"正义"被浓烟熏得像黑炭一般，整个表演最终堕落为一场闹剧，人们只是出于对他口袋里小册子的害怕才没有哄堂大笑。

即便是盲目自信的罗伯斯庇尔也看出来了，这使他更加坚信法国人民比想象得还要堕落，必须采取更激烈的方法让他们回归到理性中来。

达到这一恐怖目标的好办法便是直接把人们关进牢狱，不给他们一个辩白的机会，这也节省时间，再用"传输带"的方法把他们送上断头台——1天10个——快一些，可以达到一天20——30、40、50、60——好的话，一个月可以有四五百人。人们都知道，即使是"传输带"也不能这样长时间正确工作呀！一次，罗伯斯庇尔处死了一个可怜而迟钝的女孩儿，她被发现手持餐刀在罗家前街道上徘徊。又有一次，一个扮演小丑的男子到国家安全委员会主席那里殷勤地询问涉嫌"圣母"事件处理到了什么程度。

当然，这个问题很机密，是禁止询问的。"圣母"事件是关于一个疯疯癫癫的老厨娘的故事，她住在一个阁楼上，一群虔诚的崇拜者们相信她有神圣的使命，称她为圣母，祈祷她降生第二个孩子。通常不管警方如何杜撰此事以及"圣母"的关系，人们都认为罗伯斯庇尔最终肯定会为这位

自由、博爱、平等。

老太婆以及她的同伙们签发"确认卡"，这种卡是用来确认一个人是爱国者。在白色恐怖的法国，人们每天都需要被确认，就像行车执照一样，但罗伯斯庇尔关心的是这些无关的事件是怎样到了令人讨厌的加斯科涅酒鬼们耳朵里，而他们以此在议会中质问他有关圣母教的事，他知道这事肯定是想让他丢脸，然而谁是幕后操纵者呢？

事情迅速明朗化了，罗伯斯庇尔首先决定了"圣母"的命运，她和她的信徒，包括厨房女佣、洗碗女工、可怜的因目睹了绞刑而丧失推理能力的退休牧师等，被迅速判决和处死，若是在几个月前，这种大规模的屠杀肯定会引发谣言，但这次一点传闻都没有。

从此之后，不管参加"圣母"组织的人走到哪里，都会听到令人压抑的嘲笑和指手画脚："瞧，来的那个便是'圣母'的朋友！"

在这种情形下，最好还是消失上几个星期。巴黎人是健忘的，当回来之后，所有一切将被完全遗忘。

另一个好主意是每天和迷人的埃莱奥诺尔·迪普莱散散步，以平息那些说他对异性的态度像是同性恋的谣言，另外，度假回来，一定要有绅士风度，即使你拒绝了一位为挽救丈夫生命而泪流满面的女士之时，也要文雅地回绝她。因为，真正的贵族已不再存在，他们优雅的风度也随之消失，这便是为什么人们喜欢同那些让他们想起国王在位时文雅礼仪的人交往的缘故，因为那时国王甚至向每位他在走廊上遇到的女仆们行礼。

另外，要在那个小本子上好好记录，还要注意仪表，近年来，人们都穿着旧衣服，不修理头发和指甲，因为他们不想让邻居们说他们"每天刷两次牙，剪两次指甲，假贵族"！经过了这么多年松松垮垮的日子，人们走上了极端，似乎开始喜欢这样了。

为了巩固民主制度，使多年来的辛勤奋斗的成果不至于付诸东流，议会必须首先被禁止，国家安全委员会拥有了更大的权力，一切是被熟练完成的，不能有失败；决不能再让强盗冲入议会大厦，威胁要杀死所有代表们的事情发生。你暗示："如果这些实现，而且我被通知到了，某某人感到根据新法律的某某条款，我宣布……"你的声音拉长了，然后你的右手伸入上衣口袋——所有人都知道，你拿出带有一些"名字"的小册子。"如果你不能对敌人动手，可以通过他所爱的女人，先把她拘留，如果……"——不要说完这句话——下面，你的听众将开始琢磨你将要说的，直到紧张使他们神经崩溃，开始承认任何蠢事，就像盲人赤手空拳对付一群狼一样地开始坦白，这是个伟大的行动计划，是吧？最精彩的在于它是正确、易行的。

国民公会中你的一位同事，你因他"良好"的表现而把他的情妇关入监狱——他恐惧绝望，以致叫嚷着要杀死你，早上起来，在他申辩前，庄严地宣布他"违法"，接着用你短浅的目光扫着小本子，用一种不祥的口气暗示，又有一些人，当你心情好的时候将把他们送上审判台——你经常这样做，效果十分好，而且从未失误过，但这次似乎不对劲，突然人们开始骚乱，各种样式的刀子一起来挥舞着，人们叫喊着"打倒暴君"，而你只能无力地扬着那小本子，毫无办法。

接着——没人看清一切是怎样发生的——突然你自己被宣布"非法"，国会的士兵已将大厅里的乌合之众解除了武装，你和你忠诚的兄弟奥古斯特及所有的公众安全委员会的亲信们都成为囚徒，在议会那些人的怜悯之下——那些人的情妇在牢狱之中给他们递条子，称他们为"懦夫"——他们至少有时不是懦夫，但一想到胆大妄为的后果以及那个伟大的名字的恐怖，勇气一下子便消失了。

贫民窟中的外地人听说他们的英雄、圣人遭受的一切后，敲响了警钟，抓起了长矛和斧头，摧毁了关押他们的敬爱的首领的楼房，把他解救出来，护送回豪尔镇。

现在，国民公会的阴谋家们只能孤注一掷，或者罗伯斯庇尔活或者他们活，他们马上召集部队。国家安全委员会也命令将军们统率议会的所有部队前来增援。勇敢的将军抽出佩剑，召集下属。而此刻，那位阴谋家，现在被称为"范伯格斯"国王的，把路易国王送上了断头台，甚至敲开鼓没让那个可怜的国王留下遗言，他在一家酒楼上咧着嘴睡觉！

或者在那一可怕的热月九日（对世界其他地区的人来说是7月27日）之夜之前或之后，天开始下雨，而且是倾盆大雨，而往年在这个时候都不会下雨的，法国人一向不喜欢淋雨，而委员会的士兵们是法国人，所以他们决定留在家中等第二天早上再救他们敬爱的领导人。但是第二天早上，国民卫队的士兵已提前在那里了，他们摧毁了市政厅，俘虏了一切。罗伯斯庇尔的一些追随者企图从窗户跳下去逃生，结果摔断了脖子，还有一个坐在轮椅中的瘸子，给刽子手们出了个难题，怎么把这个驼背

罗伯斯庇尔亲手制作了一个小断头台。

的脖子放在铡刀下呢？很简单，用铡刀把他的肩也砍下来就行了。而那个优秀的人——他从来没有宣判过任何人的死刑，他只是想根据自己的设想在重塑着法国人——他躺在一个桌子上，头搭在一个军火箱上，下巴已被一个议会士兵在近处开枪击碎了。

他震惊于那一刻的鲜血和四处乱飞的牙齿，在那里一直待到第二天早上，他懊悔没能完成那个拘捕所有敌人的决定，那个文件仍然放在角落的桌子上，它要求所有的巴黎人"鼓起勇气，振作精神"，要求所有"爱国者们，为自由而迅速行动起来，等待命令"签名：罗伯……正在此时，枪响了，这个签名永远不会完成了，他头底下那叠带血的纸是那可怕的夜晚唯一无声的见证人。

现在，再说说下周六我们的另一位朋友，托马斯·德·托克马达。

托马斯·德·托克马达生于最富西班牙风格的省份，他看到了1420年的曙光。他的同时代人记载他有着犹太人的血缘，进一步的调查加以证实，这并不奇怪，因为700多年来，摩尔人的西班牙一直是犹太人的避难所，到处是他们的后代，而这个伟人的检察官成为蛮横、残酷和迫害的代名词，也有着犹太人的血缘，真令人惊讶。

但一切并不那么奇怪，历史上很多著名的犹太捕猎者至少有一半或四分之一犹太血缘，这些可怜的家伙们也得生存，和基督教邻居们生活了这么久，他们感到应当通过热忱，没有人会认为这种热忱是为基督教的，来表示他们对新信仰的真诚。

在当今德国也是这样，一些臭名昭著的希特勒信徒也被怀疑不是雅利安人，因此，他们必须要比那些雅利安人更加"纳粹"，更加残暴，来表达对他们那位斯拉夫和德意志混血儿的元首的效忠。

托克马达是个非常有天赋的人，毫无疑问，他还是一位优秀的演说家，完成学业后，他便被推选为伊莎贝拉公主的忏悔牧师，而伊莎贝拉很快将嫁给费迪南国王成为西班牙的王后。在这段时间，他从高贵的女主人那里受益匪浅，而且将终生保佑他——无论面对神职人员或者非神职人员怎样的攻击——因为他是渴望成为优秀的基督徒，甚至要超过教皇本人，而这是教会决不能忍受的。

在托克马达上台前，西班牙还不是一个高度集权的国家，那时哈布斯堡用吝啬的思想统治着整个国家，国王对各省的统治——在不久前才拥有统治权——名存实亡，几乎任何拥有一块地皮的人都敢悬挂自己的旗帜，蔑视王权，而此时，西班牙甚至都拿不出几千美元来支助那些宣称三个星期便可西行到印度和日本发大财的意大利探险家哥伦布。

托克马达比其他大臣更清楚这一切，他认为他有好办法，只要推举他为总检察官，西班牙将会迅速达成统一，而且金币将滚滚而来。

没有人能拒绝这种诱惑，历史上确有这样的奇迹，但并不是发生在15、16世纪，此时，宗教的权力经常被理解为对掠夺的许可。

于是，经过和主教们的讨价还价，他获得许可——主教们严重地误解了他的计划，日后的经历将证明这种在异教理想控制下的行当，将给教会的名誉带来多大的伤害，一旦把他们放出去，失去了控制，让他们回头是多么困难！

1481年，西班牙宗教裁判所如托克马达所设想的一样建立了，并迅速开始行动，首先它进入塞维利亚，那里曾是古摩尔文化中心，并成为种族杂烩和杂质的温床，在13世纪中叶它被西班牙人把持，几乎有50万穆斯林逃走，直到现在那里仍有很多谜等待着人们去发现。

托克马达就是要这样做，古摩尔王国有金子，他想得到它们，这一次能逃走的摩尔人都匆匆逃走了，剩下的被强迫坦白他们皈依正教的原因。托克马达15年总检察官生涯中的行为很矛盾。1792年他死后近3个世纪后，一位"圣庭"组织（一个奇怪的带有"圣"的词）的官员公布了一些他声称取自政府文件的数字，说15年中总共有1万人被烧死、7000人的画像被烧毁——那些逃走的人画像被烧毁，并失去了所有的财产——但这还不是全部，另外97000名嫌疑犯被迫承认自己的罪行，随后上了绞架，估计每年有6000人被定罪，如果加上所有的礼拜天和节假日，虽然罗伯斯庇尔一度创造了处死的最高纪录，但他的纪录只持续了几个月（在恐怖的全盛期），而托克马达则保持了近15年。

在这一空前的清洗中，受害者的哀号不仅到了天堂，也到了罗马，引起了极度恐怖，人们担心这种过度的热忱会成为一个飞去来器，最后将危及自身，一些密信被送到西班牙，要求教会运用它的影响给裁判所以适当的约束。

教廷乐于听从这些意见。它需要钱去攻占南部穆斯林的最后一个堡垒，但此时本应填满摩尔人金币的国库如从前一样空空如也，经调查发现，维持这一圣职的开支几乎相当于国家全年的收入。因此，教廷对此很不满意。不幸的是，国王发觉难以花太大力气去对待这个也是他的灵魂保管人，于是经过一段争论，托克马达仍被留用。

托克马达这一些贪婪的手下并不就此罢休，他们不仅掠夺那些"不纯血缘"的人，他们更多地把一些真正"雅利安血统的人"也归入囚徒押往塞维利亚，在那里的特里亚纳城堡，有更精细的刑具来使他们坦白，供出他们藏匿财产的地方，这些高级神职者们现在被迫对他们的所言做出补偿。但对其余的人来说，一切依旧，而大检察官没有200名步兵，40名骑兵保护则不会出宫冒险，因此，他更加迫切净化他的部属。

最后一个独立的摩尔王国从西班牙国土消失给了托克马达一个好机会，他觐见国王，要求允许像驱逐摩尔人一样驱逐犹太人。陛下犹豫了，的确犹太人已经破产了，他们一无所有，而现在这个人还要剥夺他们的避难所。他提议折中，为什么不让犹太人待下去，这样每年他们会给国家带

罗伯斯庇尔被送上断头台。

来几百万的收入，这下子，托克马达便有借口陈述他的高尚的原则了。

"上帝怜悯我们，"他带着威吓的样子说，"上帝怜悯我们每一个人，而犹大因13枚银币而背叛了我主，而您现在却为了万倍于那笔钱的利，而要出卖主！"

面对总检察官如此陈述，陛下别无选择，只好屈服。很快，西班牙所有犹太人面临着重新受洗或一无所有地离开这个国家的命运。

几个月以后，又有一项公告发布，任何基督徒不能和犹太人来往，如果基督教妇女被发现给饥饿的犹太儿童食物，将被送上断头台赎罪，结果导致100万到150万户犹太人离开西班牙，除了他们身上的衣服，任何财产不能带走，一旦他们从残忍的士兵和强取豪夺中生存下来，登上驱逐他们的船，那时他们不觉剥夺了西班牙最需要的一样东西。

我指的是他们的大脑，因为这些聪明的犹太人的大脑不仅为它们的主人赢得了基本的经济保障，而且给那些拷问他们的人以巨大的损失，北欧国家接纳了这些深受种族、宗教的受难者们，从而经济获得了空前的繁荣。

对于这些外来者来说，适应不熟悉的环境需要一些时间，但是一旦困境过后，这些避难者们成为拥有不可估量财富的集团，他们的国际贸易关系是所在国家极大的财富，他们是经商的天才，以及对国际交易——北欧人对此一无所知，在那里商人只是如中世纪一样短见，不会冒险从事长远投资——本能的感觉，使得伦敦、阿姆斯特丹成为新兴资本主义经济的中心。

在诊断方面的天赋使得这些犹太人成为优秀的医生，但也有一些头脑狭隘、保守的宗教首领坚持让逃难者们不管到哪里，都要带一些取自他们祖先哭墙的石头，最终因对争吵抑制不住的热爱，导致了内部的冲突，常常到了基督教政府不得不干预的地步，不然这些争论可能导致流血事件。

官员们把这些事端仅当作贫民窟——在那里，这些不幸的人们获取去任何地方的允许后，仍然长期居住在那里——的"内部事务"，基督教政府尽可能避免介入，而这些争端的起因则更不在他们关心之列，当听到这些人如此放纵的争吵，他们会感到自己民族的优越。他们从来不用逃亡，他们只对这些逃难者作出的奉献感兴趣，这些逃难者所创造的如此巨大的财富，使得那些明智地打开国门，收留了这些避难者的国家，在很短时间里，贸易取得了飞速的发展，以至于他们能够摧毁那些仍然对印度或美洲

托克马达拨火。

实行独裁统治的政权。

从这个角度讲，我们都应当向托克马达致敬，他几乎可以算是荷兰共和国的缔造者，他没能活着看到弱小国家为争取独立而进行的战争，但他使得西班牙成为在自由的北欧人民眼中一切不适和痛苦的代称，随之而来的是他竭力主张的压制政策的到来。

如果你感兴趣，托克马达死于1498年，那时他仍然是西班牙的总检察官。他最后一次当众露面是在1497年，去王宫看望死去儿子的陛下，他参加了整个葬礼，陛下十分感动，但人们对这个使他们国家衰落的罪魁祸首满怀着敌意。

04 枭雄拿破仑，乐圣贝多芬

我们宴请了贝多芬、拿破仑。

当我告诉弗里茨我们下次的宴会要请拿破仑和贝多芬的时候，他显得很高兴。"我讨厌那个可怕的小意大利人，"他说，"我甚至讨厌提到他的名字。但我愿意见见他。让老路德维希来追逐他一定妙极了！我希望他情绪越糟越好。那就更好看了！"

现在对尊敬的国王陛下进行一下简短的介绍。他一直坚持要送给他的报告必需简明扼要。这很自然，因为他整天都在收到报告——来自马德里、罗马、阿姆斯特丹、汉堡、华沙、柏林以及世界各个角落的报告，在他以几百万美元的价格将他在美国的财产卖给我们以前，甚至包括来自那个新世界的报告。

但我必须简明扼要，首先必须准确，这样才是真正的拿破仑风格。很好，我现在开始了！

拿破仑·波拿巴生于1769年，恰好是在他的家乡科西嘉并入法国版图一年以后。这一点很重要，因为这影响到他的整个青年时代。一直到二十出头，他并不是一个真正的法国人，而是一个狂热的科西嘉爱国主义者，始终梦想着建立自由、独我常在深夜之际把请柬送到市政厅。

立、可能（谁又说得上呢？）有着自己国王——拿破仑一世陛下——的科西嘉国。

这是作为一个法国人的拿破仑的事业的开始。

在以后的时间里，无论是做学生，还是作为一名年轻军官，他都没有什么特别引人注目的地方，除了他对与他本人和家庭有关的一切事情抱有的那种可怕的严肃态度。在拿破仑16岁的时候，他的父亲卡洛去世了，于是拿破仑成了一家之长。他的哥哥约瑟夫没有多大出息，所以由小拿破仑挑起了照顾母亲、供养姐妹的重担。

拿破仑·波拿巴在布里埃纳军事院校学到了他未来从事行业的基本知识之后，又在巴黎的军事学院进行了一年的研究生学习。因此他接受到了老法兰西王国所能给予他作为未来军官的最好训练。1785年，他成为一名中尉——如果这样翻译souslieutenant这一法国军衔正确的话。

之后法国大革命爆发了。拿破仑也找到了他的第二位父亲，因为正是法国革命造就了这位法国国王。

国王路易十六是个好人。他的主要缺点在于他的脾气太温和，对每一个人都太好了，他美丽的王后玛丽·安托瓦特是奥地利人，哈布斯堡家族成员。她成长的环境远离普通的公众人性。她不理解她所生活的世界。因此她总是受到各种聪明的无赖的欺骗。波拿巴上尉仍然热爱他的家乡，同时也成了一名法国良民。

当时，土伦城对共和国的安全构成了很大的威胁，因为土伦位于海岸，而海洋属于英国人，只要他们掌握着通向土伦港的通道，巴黎就面临着南部被突袭的可能。军方一致认为应当由炮兵来完成这一工作，因为要由步兵（更不用说骑兵了）沿着陡峭的岩石来包围土伦是不可能的。波拿巴上尉很有用心地暗示说他认为他可以做这项工作，说他有个主意，如果被允许愿意试一试。

这位科西嘉小瘦子进行了尝试并获得了成功。土伦又回到了法国人手中。英国人的船开走了，那些无法在船上找到一席之地的市民被枪决了。拿破仑没有被砍头，他升为陆军准将了。

1799年，波拿巴将军已彻底挫败了欧洲其余各部。既然事实证明他是法国（暂不说全世界）最有能力的人，为什么不给自己一个机会统治整个法国并迫使尽可能多的欧洲大陆其余部分也屈从于自己的统治呢？

如果他从没遇到这个克里奥耳女人，如果她不是那么熟知如何迷惑男人的加勒比人的技巧，那该多好！是那位命中注定的巴拉斯使他们走到一起的。她当时是个寡妇，她的丈夫德博阿努瓦子爵死在了绞刑架上。并不是因为他缺乏"市民品质"，而是因为他让奥地利人给打败了——在那次紧急事故中一位未能成功的革命将领丢掉了部属和头颅。

现在的拿破仑时刻离不开那个女人，她已融入了他的血液，他是一个意大利人，意大利人总是想要什么就要什么——只要是关于女人的事。太糟糕的是她比他年长6岁，且有两个已成年的孩子，但与热带地区的女人打交道就是这样。同样糟糕的是无论给她多少钱，她总是能花出三倍以上的数目。她的牙齿也很可怕。但当他看见她时，他就会忘记是她使他花掉他那微薄的军饷为她买了几百双袜子。他也忘记了那些她喜欢的、终日围绕在她身边的、让人可鄙的舞男们。他忘记了根据大量的信息表明她有许多情人。他只知道他必须得到这个女人，否则他就要疯了。这个女人也意识到了这一点。她比这个可怜的科西嘉小男孩儿大许多（他刚结束最近的意大利战役回来，由于在营地染上了一种皮肤病，致使他的头发都脱光了），而她根本就不爱他，她甚至可以让他像手摇风琴师训猴一样走来走去。

约瑟芬认为，要放弃这样一个致富和抚养两个孩子的大好时机太傻了。于是她当时就与这个男人结了婚，而他则在与她共度一夜良宵之后，飞奔到意大利去送她关于他取得的那些令人难以置信的无数胜利的光荣记录。他告诉她，他是多么爱她，崇拜她，渴望她，需要她，他活着就是为了等到她的消息。顺便说一下，消息是以非常随便的小便条形式存在的，因为玛丽·罗斯·约瑟芬从小懒得注意将单词拼写正确这样的小事。此外，她这位年轻的丈夫让她感到厌烦。他总是讲他的王国，他的军队，从意大利掠夺来的上亿法郎，用这些战利品去改善法国的公路，法国的港口，把法国的海军建成为能挫败仍敢藐视它的英国强敌。

1798年5月，将军带领35000人在一片浪花中从土伦消失了。几星期后，有消息送到巴黎说他已攻克马耳他。7月1日，他在亚历山大港登陆，三个星期后便在金字塔脚下的一次战役中摧毁了土耳其军队。通向东方之路已经开辟出来了。

拿破仑像。

从这时起，有关连连取胜的神话故事不断传来，直到8月1日，纳尔逊大败在尼罗河口待命的法国海军。在此之后，除了许多恼人的流言蜚语外，只有黑暗——毕竟，世界比地图上看起来大得多——土耳其人如何（在背信弃义的英国人援助和怂恿下）在战斗中比预想的要好得多——法军如何被困入了死胡同——将军如何被迫帮助受伤的战士结束他们的痛苦，以免他们落入异教徒的手中；那些野蛮的穆斯林人会因为他杀害了他曾许诺放生的1200名战俘而不会饶恕他。

之后的一年几乎没有任何消息，而此时在家中却一个灾难接着另一个灾难，法国人经受着极大的耻辱：法国最古老的法规——外交代表的神圣不可侵犯——遭到了冒犯，他们派往拉施塔德媾和的代表们被一队匈牙利骑兵剿

拿破仑与约瑟芬在加冕仪式上。

成了肉酱。

直到1799年10月，巴黎人惊讶地得到消息说："他已经回来了，五天之内即可到达巴黎。"

1799年11月9日——雾月18日——波拿巴将军的士兵包围了圣克卢内阁议会大厦。怒骂声不绝于耳，五年前，当罗伯斯庇尔被剥夺了权力时是同样的情形。可是这次，拿破仑的刺刀很快就解决了纠纷。内阁不复存在了，由执政府代替了它的位置，共包括三名成员：第一执政官，选举产生后任职10年，他代表法国行动，他的名字就是拿破仑·波拿巴；另外两名成员只有一般的建议权。他们也有名字，但还提他们干吗？他们会像根本不曾存在过一样被人们彻底忘掉——也许他们从来就不曾存在过！

在拿破仑成为法国第一执政官后，法国的第一需要是在国外求得和平，在国内保持秩序。他们的新首脑把两者都给了他们，甚至还同英国签订了一项和平协议，然后他又向教皇妥协，与之签订了和平条约，由此向上帝表现了尊重，这次妥协使得基督教堂恢复了昔日的大多数权力和特权。之后，又出台了一项全球性的法律制度，适用于整个法兰西和直到今天仍奉行此法的路易斯安那。

1802年8月，拿破仑成为法国终身执政官。两年以后，他撕掉所有伪装，加冕自己为法国国王，当时教皇庇护七世站在他身旁，却不能再行使他的祖先在公元800年为查理大帝加冕时的那种权力，因为当时是教皇为国王加冕的。这次国王本人手持王冠稳稳地将它放在了自己的额头上。在那次公开的污辱之后，教皇被允许返回罗马等候进一步指示。

在所有由革命起家的短线职业中，正确的时机往往扮演着十分重要的角色。但就拿破仑而言，时机在大多数情况下是上帝的旨意。他自己也意识到了这一点，并承认不讳。

在圣赫勒拿岛向拉斯卡西斯伯爵口述回忆录时，他承认说允许他事业发展的众多事件的独特巧合会在许多个世纪以后才可能为另一个人而重新出现。

可是运气却只会到此为止，不会再来。从拿破仑一停止扮演使其真正伟大的那一角色——革命思想的预言家和倡导者——时起，他的命运便注定了。从那时起，时机便与他相悖而行。最终，就连大自然也背叛了他。他的军队在俄罗斯被活活冻死。从厄尔巴岛返回后，他下了最后一次大胆的赌注，本想在这最后一搏中夺回一切，可是他失败了。失败的原因是他在这次战役中没能正确把握好时机。滑铁卢之战的当天上午，他一直坐在一把椅子上，无所事事，只是在小纸片上不停地画着大写的N，就这样白白浪费了几

拿破仑在餐厅地板上讲解博罗季诺战役。

个小时。而这，一耽搁却恰恰给了布吕歇尔一个喘息的机会，使得他得以能够在威灵顿统辖的中心即将崩溃之时出现。这场战争在下午3时以前法军仍然胜券在握，可是到了5时"滑铁卢"一词却成了所有文明之邦词典中表示最终失败意义的名词。疲惫不堪、沮丧异常的拿破仑开始了逃命生涯，带着几千名散兵和千百万母亲的诅咒四处逃窜。

在那之后，有的是圣赫勒拿岛的活坟墓——和死亡。现代科学足以证明拿破仑死亡的真正原因。这位能叫出他所有属下军官的姓名，随时能说出任何一军团拥有的战马和弹药箱数字，能记得所有细节的活字典式人物却忽略了一点，而这一忽略使他在遭受了多年的非人痛苦之后，最终在仅仅52岁的年纪便过早地走向了死亡。他从未重视过自己的饮食，结果得了胃溃疡。而痔疮使他在滑铁卢战役时疼得无法稳坐马鞍，于是他被迫推迟了战斗的打响，结果已经太迟了。

今天，贝多芬成为我们人世间的圣人之一，而拿破仑的名字仅与一种油腻而味道不佳的糕点联系在一起。上帝的水磨正慢慢地碾着，但它们工作得相当出色。

贝多芬的父亲是一位由科隆大主教选举人雇用的爱喝酒的男高音歌唱家。他的母亲玛丽亚·马格达莱娜·莱姆也为该贵人干活，在他的厨房里刷盘子。贝多芬家住在波恩，他们的主人在那里度过了一生中大部分时间。孩子的全名叫路德维希·冯·贝多芬。贝多芬一家原是荷兰佛兰芒人。

路德维希从五岁起就开始了他的音乐生涯，这并非是因为他特别想每天一个小时又一个小时拉他的小提琴，而是因为他那总是需要钱付酒馆账单的父亲想让他这么做，因为他不知怎么听说了利奥波德·莫扎特利用他的孩子们发了大财。那么既然利奥波德能做到的，他路德维希·冯·贝多芬的父亲也能做到。这只不过是一个正确训练的问题。可这似乎也是一个个性的问题。小路德维希不是小沃尔夫冈。他是一个毫无吸引力的丑孩子，非常倔强、固执；小沃尔夫冈非常崇拜他的爸爸，而小路德维希的的确确讨厌他那嗜酒如命的父亲。

小路德维希13岁时一次被安排在选举团管弦乐队中演奏扬琴，他从此开始严肃地把音乐当成他终生的职业。他在乐队中的位置待遇不是很高，可是一分一文对他的家庭来说都是好的。在他17岁的时候，他得以有机会去维也纳，究竟是谁为此付的款我们无从知道，但是这次旅行却是历史事实，书中还记载说他被介绍给莫扎特，他请贝多芬为他即兴演奏，并且一如平时仁慈的他免费为他上了几课。现在路德维希的职业似乎开始顺利发展着。可就在这时，他接到了他母亲病重的消息，他于是返回波恩，正好赶上见她母亲临终最后一面，从此他开始担负起养家糊口的重任。他的父亲现在已经彻底不负责任了，他的习惯让人无法确定，因此他的薪水也是直接付给他的儿子

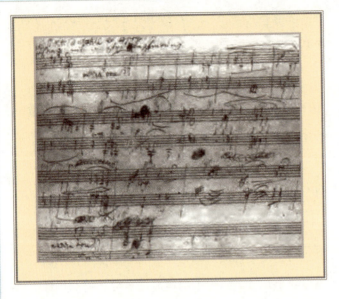

贝多芬手稿。

的。否则，每一个波恩人都知道，那钱会立即被浪费在附近的酒店里。

然而贝多芬所经历的事让人如此愤怒，它已冒犯了我们的正义感。上帝知道，这种正义感在我们这样一个残酷和不同寻常的惩罚已成为白天事件的时代已经受了足够痛楚的检验，还有什么比让一位作曲家变成聋子更可怕更残酷的事情呢！并不仅仅是有点听力障碍——那对一位音乐家而言并非是一件好事，而是彻底变成了聋子——聋得在钢琴上试奏一些曲调时他都听不见。

1798年，在他仅仅28岁的时候，贝多芬第一次发现了这病的最初症状。他以为这只是感冒造成的。那非常有可能。他对自己的生活方式毫不在意，他常忘记生炉火，他租用的大多数房间（他是一个待不住的人，在维也纳度过的那些年里他搬家达30次之多）通风极差。因此，耳疾在一个肺结核导致一半人死亡的城镇里是一种相当普遍的病症。

可是随着时间的推移，贝多芬的耳聋越来越严重，他开始非常恐慌。因此他做了大多数处于恐慌状态下的人在这种情况下会去做的事。他首先拜访了听说到的所有耳科医生，当他们无法减轻他的痛苦时，他便开始向当地的江湖医生求救。可他的耳聋，根据事后的分析，并非由地方因素造成的，而完全归咎于他的基本健康状况。现在似乎可以相当肯定地说，他的耳聋是由一种100多年后才有可能治愈的疾病引起的。这位可怜的人如今完全任由那些宣称自己可以彻底治愈耳聋的江湖医生摆布了。

贝多芬听力的丧失使他几乎完全失去了与同仁间的交往。1824年，他最后一次试着指挥一场音乐会，可是不得不中途而止了。因为他不知道他的音乐家们都在干些什么。从此后，他与外界交流的唯一手段只有靠那些小纸片来完成了。当他在咖啡屋会朋友时，就在一张张的纸条上写下他的问题。其中许多纸条儿都保存了下来。它们是最令人感动的，同时也是人类勇气的最崇高的证明。

设想一下伦勃朗双目失明的情形，那么你就可以相似地想象出贝多芬发现自己所处于的状况。让我们暂且借用一下电影的镜头，把时光倒退至125年前。情景是在维也纳的咖啡屋里。一个角落里的一张桌子为那位伟人保留着，首都所有的人，从清道夫到国王，都逐渐认识到他是他们当中最主要的成员之一。三四位善解人意的朋友在他的旁边，努力谈一些令人高兴的话题以分散他的注意力，他们讲述一些知名人士的小插曲，可是他们的努力是徒然的。其实他们也早就意识到了这一点——他们的同伴如今只生活在自己内心的世界当中，

贝多芬像。

生命对于他，除了存在于他那不同寻常的大脑中外已然完结。

现在再回到他那毫无欢乐可言的寓所。一些忠实的朋友担心他在街上被车撞着，所以一直陪着走回家。他的房间冷清而凌乱，到处都摆满了钢琴（其中一些是特意为双耳失聪的人制作的——有一架钢琴没有腿，他可以趴在上面弹琴），一堆堆的乐谱，椅子上、地上到处都是脏盘子，脸盆里的水已多日未倒，床上更是一团糟。就在这混乱不堪的斗室中，路德维希·冯·贝多芬离开了人世。时间是1827年3月26日，那是在他那从前的英雄在世界另一端的小孤岛上嘴里含糊地叨唠着他的先头部队并最终连幻觉也完全不复存在以后第六年。

人们有理由记住那一天。因为就在那位音乐大师陷入长眠之际，天空电闪雷鸣，暴风骤雨随之而来，维也纳人还从未经历过那样的情景。在炫目的闪电光和隆隆的雷声中，上帝为这篇他完全有理由为之自豪的杰作画上了句号。

当老路德维希被抬向坟墓时，送葬队伍经过的街道两旁站满了士兵。即使是哈布斯堡宫殿也觉得有必要向这位奇才致敬。他以自己的方式比任何其他双头鹰旗下的战士更加反传统，也更危险。

贝多芬忘了拿走帽子和一份旧手稿。

05 时间消磨不了仇恨——彼得大帝与查理十二世

彼得大帝和瑞典国王查理十二世受到了邀请。

瑞典的查理生于1682年。俄国的彼得大帝比他年长10岁。因此他们属于同时代的人，这样我们给他们准备吃的东西就不是什么难事了，这并不是说他们两个人中有谁会在意这个。彼得生来就是个粗人，直到临死前也没什么改变，吃起东西像他自己领导的农民一样。在他为了获得关于欧洲文明的第一手资料而访问欧洲时，被迫款待这位帝国野人的西方政治家们对他的这一习惯也感到大惑不解。至于查理，他是个偏执狂，完全受他自己摧毁越来越强大的俄国的愿望所支配，除了他的军队、他的士兵、他的海军，一切与他的东方战役有关的事和他的瑞典王国能让他感兴趣外，没有别的什么还会让他动心。据我们所知，没有任何女人在他的生活中扮演任何角色。他拥有一大群几乎可悲的忠诚的追随者，但却没有一个朋友，因为能为他打败可恨的俄罗斯人或可恨的波兰国王并增加一个胜利，他对任何人的性命都在所不惜。他吃饭仅仅是为了活着，从未注意放入嘴里的是什么东西。吃饭对他来说太耽误时间，因为那会使他暂时至少几分钟放弃他的地图、他的计划，他不能为此太操心。

守卫着港口入口处的堡垒。

甚至在战斗中负伤后，查理也从来不等自己完全康复就又投入战斗。因为他总是在战斗中，在19年的战场生涯中，他挡住了众多的子弹。19年在野外度过的漫长岁月中，睡的是帐篷或烟气充盈的农民小屋，但这就是他的功绩。即便是汉尼拔（仅次于他者）在意大利作战15年后也返回了家园，而拿破仑虽然在他22年的战斗生涯中纵是与某人作战，却相信短期战斗的原则，每次打败他的名单上的敌人便回师巴黎。

请拿出你的地图集翻到东北欧那一页，一块巨大的平原以北冰洋一直向黑海延伸，众多的河流穿越其上，它们大都发源于平原中部的低山区，向北或向南部奔流与平原西北部相邻的是现在称作芬兰的湖泊森林区，芬兰西部是如拉布拉多一样寒冷荒凉的斯堪的纳维亚半岛，仅仅由于美国赐予欧洲的最大礼物——墨西哥湾暖流还能带来些许暖意。墨西哥湾暖流使得斯堪的纳维亚的港湾一年中大部分时间是不冻的，但广阔的东部平原却没有一个通向海洋的口岸，虽然大海一年中有6个月不为冰层覆盖。

这片巨大的土地在冰河时期完全被厚厚的冰雪掩盖着。最终冰雪向北极退去，土地逐渐变得适合人类生存。日耳曼人的部落虽反复穿越这片土地，直到最终在西欧和斯堪的纳维亚半岛定居下来。芬兰人，一支与匈牙利人有着较远血缘关系的鞑靼人部落，不知怎么找到了通向成为今天的荷兰这块土地的道路。斯拉夫人最终也占据了乌拉尔山和中欧各山脉之间的东部大平原——即今天的俄罗斯。斯拉夫人也因此注定要成为一个内陆的民族，像我们当代一位历史学家恰如其分地称呼的那样，一个"陆地动物"民族。只要他们仍然过游牧生活，这也无关紧要。即使在他们定居下来成为农民以后，他们的组织性也极差，数量上也无足轻重，文明极为落后，以至于他们从未觉得有必要建立与外界进行直接联络的路线。

但在公元9世纪，俄国人开始遭受西部邻邦的进攻。这时他们才最终意识到要结束已在他们的王国内盛行了无数世纪的混乱状态，建立起某种秩序的必要性。

他们不再是异教徒了。从君士坦丁堡沿着穿过平原的河流而来的基督教传教士教给了他们一些文明的基本知识。偶尔也会有一两个精力充沛的部落首领开始为自己封侯封王了。但所有这些君王、幼君之间永远不停地争斗，结果这对于仍然生活在几乎史前状态的贫穷和苦难之下的农民来说无疑是灾难性的。于是俄国人向已开始统治整个西欧的西部海盗勇士传话说："我们这里有几百万人，却不知道如何管理自己，请来帮我们吧。"

斯堪的纳维亚人不需要人再告诉第二遍。这可是送上门来的好处、无

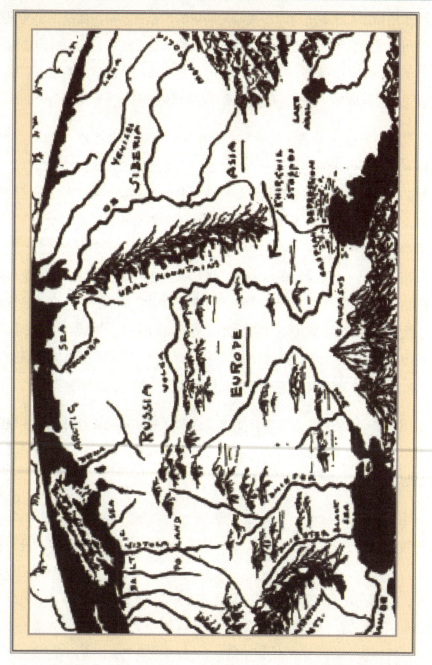

广袤的俄罗斯大平原上孕育了生命力顽强的斯拉夫人，他们注定要成为一个内陆的民族，像我们当代一位历史学家恰如其分地称呼的那样，一个"陆地动物"民族。

法计量的便宜买卖。他们于是迅速东行，建立了一个秩序井然的俄罗斯国家。作为鲁里克人——鲁里克据说是第一个到达俄国的瑞典首领鲁里克人的后裔——他们统治俄国长达700年。之后他们都死去了（7个世纪的漫长时间足以使任何王朝灭亡），他们的位置由新的统治者——斯拉夫人代替了。也许从13世纪俄罗斯被来自乌拉尔山后面大平原的小黄种人征服起，他们的血管里流淌的就有鞑靼人的血液了。但他们觉得自己才是真正的俄罗斯人，唯一的俄罗斯人，对内陆的俄罗斯帝国的统治已满足不了他们膨胀的野心了。他们必须寻找出海口。他们的北部是永久的冰封，南部又有土耳其人挡着，这样唯一的出口就剩下波罗的海了。在此我们不得不联系到彼得·伊万诺维奇——彼得大帝一名更为我们熟悉。

正如他的名字所揭示的那样，彼得是沙皇亚历克赛·米哈伊洛维奇的儿子，因此是曾在1613年掌握对莫斯科统治的罗曼诺夫家族的成员。亚历克赛·米哈伊洛维奇曾经结过两次婚，彼得是他第二位妻子那塔利娅·纳雷什金娜所生的，当时在他之前已有了一个男孩儿伊凡，但这个男孩是如此懦弱无望（而且一只眼睛还有眼疾，几乎是半个瞎子），即使在当时还不至于过分吹毛求疵的俄国人也觉得永远不能让他执掌大权。

国家的长者聚在一起商量，决定让彼得取而代之，一些一心希望通过拥立白痴为王而从中受益的军队还为此发动了叛乱，结果最后双方达成了妥协，双方相互承认伊凡和彼得同时为王。

由于认为两个孩子尚小，不能直接参与政府领导，所以决定在他们成年前让他们的姐姐索菲娅（彼得同父异母的姐姐）摄政。索菲娅是个天赋很强的女人，很有能力，但她在思想上是非常非常俄国化的。17世纪的俄国人仍然生活在一种中世纪的无知龌龊、自满的状态中。如果莫斯科仍然是一个小小的斯拉夫国家，这也就无关紧要了。可是在君士坦丁堡陷落后，东罗马帝国拜占庭文化传统的遗产转移到了莫斯科，因此莫斯科成了一种文明的中心——这种文明在世界其他地方恐怕找不到第二个，它是披着薄薄一层基督教面纱的亚洲式专政。拜占庭老君王们的严格礼仪从君士坦丁堡的帝宫移植到了克里姆林宫，但其余的几年没有什么改变。生活在村社里的农民依旧在合作共产的基石上耕种他们的土地，所有的田地都是共有的，就像当初清教徒在大西洋西岸刚刚定居下来时那样。

这一事实常被撰写俄国过去25年历史的人所忽视，布尔什维克主义者事实上并没有带来任何新意。他们只是回到了彼得以前的时代，回到俄国人仍然为俄国人而不必被迫模仿法国人、英国人或德国人的时代。在西方人看来，他们似乎已找到了未来之光，而事实上他们却是在走回头路，要把俄国带回到他们最初称其为民族的时代，也许这正是他们实验成功的原因所在。

在我们思考几乎一夜之间便崛起的沙皇彼得政权时，有一点应当引起我们的注意，他并不是白手起家的。他所继承

彼得大帝。

的莫斯科大公国已经是个相当规模的王国了。

1480年，伊凡三世完全摆脱了最后一批鞑靼人的入侵。两代以后，另一位伊凡已征服了喀山和阿斯特拉罕，不久以后俄罗斯又开始征服西伯利亚了。这项赫拉克勒斯的任务①进行得如此神速，以至于到了17世纪中叶时，俄国人已到达太平洋海岸，并且在新世界里寻找更多的领地。

这样，在彼得继位的时候，他已是一位虽然简单原始但却可称作17世纪人们所理解的"现代化"国家的核心政权的统治者了。一方面，这个政权可以拥有足够的子民奉献出大量的钱财来建立一支陆军和一支可以与其他欧洲强国竞争的海军；另一方面，也具备了足够数量的农奴（比"奴隶"一词听起来好听一些，但实际意义一样）来保证其陆海军达到一定的水准。其余所需的仅仅是一位具有无尽的精力，可以为了俄国成为欧洲政治上的支配力量而进行各种必要的组织活动而又能不因良心的谴责而却步的人物。

他所成长的克里姆林宫与其说像一座受尊敬的基督教宫殿，还不如说更像土耳其宫廷。但他从他的母亲那里继承了一定的"现代主义"倾向。虽然这个女人的婚后生活一直在妻妾成群的后宫的隔离状态中度过（就正式妻子而言，过去俄国人还是严格遵循着一夫一妻制的）。在还是个小女孩时，她就得到过有关外界的第一手信息，她也一定把她对西方生活方式的热情传染给了她的儿子，否则的话似乎无从理解——一位年轻的莫斯科王子，在一种彻头彻尾拜占庭式的环境中长大的王子，竟然成了一名欧洲人。彼得在克里姆林宫天天直接接触的另一位人物便是他的同父异母的姐

---

① 意为非常艰巨的任务。赫拉克勒斯是希腊神话中的人物，主神宙斯与阿尔克墨涅女神之子，力大无比，以完成几项英雄业绩闻名。

姐索菲娅，而她则更愿一直做个俄国人，不是出于爱好而是出于明智的策略。因为她已处在至高无上的位置，也愿继续留在那里。

同时对于彼得，只要他远离各行政机构，只要他不以任何方式干涉她和她的顾问们对这片土地进行他们认为合适的统治，那么随便他在业余时间里怎么自得其乐，她都没有意见。

而对彼得来说，这是令人满意的安排。既然在宫廷里没有什么规定的责任，他就可以整天待在他觉得放松的地方，而这些地方恰恰是莫斯科保留给已逐渐将触角伸向俄罗斯首都的外来因素的地方。

如果说18世纪圣彼得堡的生活相当糟糕，混乱不堪，17世纪的莫斯科人又会如何呢？然而彼得·阿列克西耶维奇就读的就是这样的学校，并从那里读得了文学学士和哲学博士学位，他从那里学会了喝杜松子酒，抽烟斗。喝酒在莫斯科良民眼中还算不得大逆不道，根据传说，他们决定皈依基督教而不是更实际的穆罕默德主义，仅是因为穆罕默德先知是绝对戒酒主义的严格倡导者。但烟在莫斯科的教士眼中是该诅咒的东西。嘴里衔着烟斗的人会使他们的灵魂充满恐怖。这好比见到一位没有胡须的男人的脸一样可怕，因为魔王都是将胡须剃得干干净净的，而忠诚的基督教徒则留着长达

彼得大帝在荷兰的造船厂。

膝盖的胡须。如果这位年轻的王子敢在公共场所"吸大烟"——人们当时这样称呼抽烟。一旦这样的人完全控制政府，他就很可能有胆量去倡导一个不留胡须的俄国。

俄国人根本不知道等待他们的是什么！

这位抽大烟的王子果真登基称帝了，而且不久他的士兵便穿梭于首都的街道，拦住每一位留着胡须的权贵，随着他们手持的锐利的剪刀飞快转动，那胡子便一命呜呼了。抱怨无济于事，如果谁抗议的声音稍微大了点儿，下一次剪掉的就该是他的脑袋了。

如我刚才所告诉你的，与彼得通向王位之途相伴的，是一场近卫兵的叛乱。这场叛乱以确认的沙俄方式被镇压下去了——叛变的士兵被宰牛般地屠杀了。之后大约有7年时光里，索菲娅成了国家的首脑，沙俄克里姆林宫的彼得则变成了欧洲人聚居区的彼得。但这7年对彼得来说并非是浪费光阴，在他的乡村庄园里（只要见不到她的弟弟，索菲娅是乐得这样的），彼得忙于操练着庄园农奴的儿子们。在一个小湖面上，他指挥由几个小划艇改造成的微型战舰"扮演海军"。

这一天——不可避免的一天——终于来到了。旧沙俄的狂热信徒们决定铲除那个永远不停地叫嚷着建立"新俄国"的话的威胁。他们策划着另一次阴谋。但像通常那样，他们把计划搞糟了。彼得却抓住了这次机会，他现已17岁，能妥善照顾自己了。他赶走了摄政者，同父异母的姐姐索菲娅被软禁在了尼姑庵里，从此，在克里姆林宫就再没人见到过她。他没有杀死半痴的同父异母兄长伊凡，而是允许他继续这样半呆半傻地活下去，只是完全是"退职休养"。在一位名叫弗朗索瓦·雷佛托的瑞士籍专业士兵——一位聪明的探险者——的帮助和怂恿下，彼得开始了自命的将蛮荒状态的俄国变成所谓的西方文明之邦的艰巨任务。

　　年轻的沙皇带领他重新组织的军队向南方的土耳其人发起了进攻，由此拉开了他新职业生涯的序幕。他很快被迫意识到他还没有足够的力量独自解决这群异教徒，他需要同盟来对付他们。为何不试着说服其他的欧洲国家与他们的俄国同胞开辟共同的事业，开始一次新的征讨呢？

　　不幸的是，当时的欧洲更担心的是野心勃勃的法国路易十四国王，而不是他们不甚了解的相距遥远的土耳其人。不管怎样，彼得觉得他应当试一下。所以西欧各国的首都历史上第一次有机会注视着真正的大批俄国人——真正的沙俄贵族：他们耳上戴着钻石，头发里生着虱子——穿着沉重难受的各式貂皮大衣，为此而汗流浃背，西方人奇怪于这些不可救药的野人究竟生活在什么样的国度里。

　　但他们往往没注意到一位身着简单的上尉制服的绅士——他在这群耳上坠着钻石，身上穿着上等皮袄的使者团中根本不显山露水，如果他们观察得足够仔细的话，他们可能会注意到，就是他在走访几乎每一座工厂、每一个船坞和印刷所，是他在暗地里向那些工程师、建筑师、军火制造商、造船工、勘察员、医师、药剂师、木匠们提供待遇优厚的合同，许诺只要他们愿意离开家乡一些年，去遥远的莫斯科帮他改造他的国家，使之现代化，他就会付给他们丰厚的薪水。这位简朴的上尉就是伟大的沙皇本人。彼得返回俄国的时候，他带回了至少500人的西方专家团。尽管这数字比起等待他们的庞大任务来说小得可笑，可至少是个很好的开端。

　　彼得很快就返回了俄国，比他预想的还要快。他也不得不如此。国内的保守派已看清了方向，他们害怕风暴很快就要升级成一场飓风，因此在那些老宫廷卫士们中间再一次爆发了一场叛乱。听说这次新的叛乱爆发后，彼得不顾性命危险火速赶回了莫斯科。就在他返回首都的那一刻，另一场清洗运动便开始了。

酩酊大醉的彼得大帝趴倒在桌子上。

这一次彼得干得很彻底，他自己帮着屠杀他以前的士兵。在将他们的尸体扔入河中之后，一场改革运动郑重地拉开了序幕。

彼得亲手剪掉大臣们的胡子，对于那些过分爱惜胡须的人，彼得给他们一次保留胡须的机会，条件是他们要交纳一大笔罚金——每一寸头发要交几千卢布，之后再脱掉东方式的长袍，让那些匈牙利裁缝们整天忙于为他们赶制第一批欧洲套服，包括实用的短上衣和最佳的维也纳式裤子，同时，这对于所有基督教信徒可能都是个可怕的打击——从那时起，新年将像世界其他地方一样从1月1日开始，而不是像过去那样从9月1日开始，按俄国的年历，9月1日是上帝创造我们这个星球的时刻。

所有这一切听起来很愚蠢可笑，但请记住，就是这同一批愚昧的俄国人在不久前曾亲手捣毁了立在克里姆林宫的一座大钟，理由是报时的钟声让他们听起来想起了魔鬼。他们也曾焚毁了莫斯科的第一家印刷厂，因为书籍被怀疑是引起危险思想的传播源泉。

做好这些最初的安排之后，在北方争得一个立足点的斗争便开始了。没有欧洲的援助，俄国没有足够的力量对付掌握欧洲大平原南部的土耳其人，那么就只剩下另一个出海口——波罗的海。于是沙俄与瑞典一如现在这个掌握着开启波罗的海之门钥匙的国家展开了长达20年的战争。

第一场战争——纳尔瓦之战以沙俄战败的不光彩结局而告终。但一如查理一样固执的彼得坚持战斗下去。他很快重组了军队，以几乎使他倾家荡产的钱财购买了当时欧洲市场上最新式的大炮，结果在波尔塔瓦战役俄军一举打败了瑞典人。

在以后的20年中，俄国人几乎随时都可能失去他们的一切，也只有如此才能获得更多，就是在这样一种情形下，一个新的俄国逐渐产生了，因为人们认识到现在别无选择，只有继续一搏了，要么成功，要么灭亡，所以最初的莫斯科公国最终成了俄罗斯帝国。

1702年，彼得重新征服了现在称为芬兰湾的南部海岸。瑞典人于1617年占领了这片荒凉的土地。1703年6月29日，彼得为彼得与保罗要塞奠定了第一块基石。此后这里成为了他新都的城堡和核心，在不到一年的时间里，那里便建成了足够彼得城堡移民的房子。尽管今天这个城市被叫作列宁格勒而不是圣彼得堡，不过列宁认识到了彼得的伟大和他的俄罗斯本质，从来没有打算让这个城市以自己的名字命名。

之后沙皇开始大刀阔斧地实施他的建筑计划。千万农奴从俄罗斯各地调到涅瓦河岸的沼泽地带为实现这一宏伟工程而奋斗。这些可怜的人像苍蝇一样死去。疟疾、霍乱、伤寒盛行，这些可怜的奴隶只能有一半的人能健康地从事工作。但工作必须得完成。1712年，沙皇彼得得以入住他的第一座官邸，所谓的"夏宫"。几年后他又在今天的赫米戴奇博物馆所在地拥有了一所冬宫。1724年，俄罗斯抗击鞑靼人的战争英雄，圣徒亚历山大·涅夫斯基的遗骸从莫斯科隆重迁往了新都。在彼得去世的1725年，这座城市的居民已超过了7.5万人。

沙皇的继承者们尽最大努力试图改变潮流的方向，以重建莫斯科为首都。但他们无法做得到。大潮始终向相反的方向奔流着。布尔什维主义者凭着其对真正的俄罗斯品格的深入理解，最终销毁了罗曼诺夫王朝所做的一切，返回了莫斯科。从那时起，彼得的"西部窗口"便失去了其昔日帝都的风采，尽管人口依然众多却变成了一座普通的城市，街道上已然杂草丛生，已无人居住的宫殿空荡荡的窗口下是曾经构成彼得帝国梦想一部分的荒凉、绝望的马路。

彼得于1725年2月7日（按我们的日历应为11月28日）去世。当时几乎每年都要泛滥的涅瓦河水又一次决堤，洪水袭击了整个城市。沙皇乘坐着一条船努力援救着那些逃到屋顶上避难的人们。之后他的一名船员落水了。沙皇跳下去救了他，自己却患上了感冒。感冒很快发展成了肺炎，国王那已被酒精侵蚀的身体抵抗力极弱，于是10天后他死了，在他的子民充满感激的祷告声中离去了。

彼得将俄国从一个落后的、处于中世纪时代的国家变成了现代化强国，经常听见有人问这样的问题：如果他自己保持足够的健康，如果他不将巨大的能量浪费在这样一个无望的任务上，情况是不是会好些呢？可是在他去世时，任务已经完成了，而且完全归功于他一个人的努力，因此我想我现在应当把他放到我的历史显微镜下观察一下，借助于相互交织在一起的过去几个世纪的反射亮光，透过这一奇妙的显微镜来仔细研究他究竟是怎样一个生灵。

我注意到的第一件事便是他彻头彻尾——百分之百的——俄罗斯主义。他可能会装作喜爱西方文明，可仅仅是在它能使他自己的人们受益的意义上才喜欢的。因此他坚持尽可能让斯拉夫血统的人来完成那项工作。当然他最初不得不雇用外国人，他是在非常不情愿并且在他们允许自己被尽快俄化的前提下才这样做的。

当我进一步研究他时，我发现了另一个让我吃惊的特征，即他对真正的俄罗斯人灵魂的深知与理解（因没有更好的词汇，就让我再次搬用一下这陈词滥调），这曾是至今仍是一种很奇妙的进展。这位比任何曾占据过莫斯科显位的统治者做了更多让俄罗斯人的灵魂感到不安之事的国王也更了解他的子民，比在他之前或之后的所谓典型俄国沙皇们要理解的透彻得多。

彼得的神秘宗教思想品德更是完全斯拉夫式的。这一切并不妨碍他在一些场合成为过去500年中最残酷的暴君。每当他的计划遭到哪怕是最轻微的反对，他决不会滋生任何怜悯之心，就连他的儿子——他唯一的儿子——也成了他一意孤行地实施他的计划的牺牲品。这个孩子叫亚列克修斯，是那种多情的人，在他年纪还小时，就被迫与母亲分离了。彼得对她感到厌倦，先是迫使她成了修女，然后便送她入了修道院。自行其是的亚

彼得大帝建造他的新都。

列克修斯与他父亲的敌人——维护旧王朝的人——成了同盟。当沙皇听到这一点时便宣判了他的死刑。直到今天我们仍无法确认死刑是否真正执行了，或者那位王位继承人究竟是怎样离开人世的。但根据最可靠的证据进行的最后猜测是，他死于他父亲的杖击。彼得从未显示出任何后悔。他可能觉得他的儿子没有权利如此愚蠢。

要让一位荷兰人或美国人去理解一个俄国人而对他保证完全公平的评价总是非常困难的。在构造斯拉夫人的诸多因素中，有许多绝对矛盾的东西让我们西欧人无法确切理解。但就彼得来说，有一点特别的品格我们却能在他整个一生中自始至终地找到。他工作起来很极端。他不相信妥协。在他来说不存在虚伪，当他行骗时毫不含糊，当他撒谎时也从不心跳。当他决定讲出事实时——有几次他曾这样说过，那可以相信他的话。当他祷告时，他相信他所说的每字每句，但这不会妨碍他过一会儿就把整团的造反士兵鞭打至死。当他建设帝国城市、宫殿时，他的帝国城市和宫殿一定要建成全球规模最大的——300英尺（约91.44米）宽的街道，比罗马广场大10倍的市场，一次可容纳1000人的监狱。

在经历过一段短暂的圣洁之后，彼得决定走向另一极端——在污浊晦暗中游历一番。之后他便一发而不可收，放荡得让老亨利八世看上去像卫理公会派主持。简而言之，他完全是个人，只是比大多数人更甚。

另一位完全不同的人——苦行僧式的瑞典国王查理是彼得终生的对手。自从他得到第一把剃须刀的礼物之后，就再没有温柔或不温柔的女性樱唇接触过他。同样地，在瑞典仍为自己是包括芬兰在内北欧饮酒量大国之一而深感自豪的时代里，他也从来滴酒不沾。他曾对他的妹妹显示过类似自然情感的东西，但除了这位年轻的公主之外，就查理来讲，人性似乎根本不存在。

但这并不是说我们有必要替查理感到难过。因为如果只有那些能够扮演了在他们自己眼里最满意的角色的人是幸福的，如果这话是正确的，那么查理确实是最幸运的人之一。首先，这个奇怪的独裁者是个演员，如我当他的面说这话，他肯定会朝我开枪的。

一个家庭（不论是皇室还是百姓）只要有一个女演员就足以破坏长期以来不得不忍受她表演的那些成员的好胃口。当伟大的古斯塔夫斯·阿道弗斯的妻子分娩出一个孩子时，这个瓦萨家族便有了这样一种表演者。她本应是个男孩。有最初的记载说，她刚降临到这个世上时浑身长满了毛，据说应当属于男性的范畴。当1682年查理降至时，克里斯蒂娜表姐仍很活跃。但不幸的是她许多年前就离开了她的故国。像许多受托管理国家的妇女一样，她曾给她的国家带来了巨大灾难。她后来回去过两次，最后一次是在查理出生前15年。在她1667年最后一次重新夺回她曾厌烦放弃的王位的努力失败之后，就没允许她再到过斯德哥尔摩。拒绝她重返故乡的官方理由是她放弃了新教而皈依了天主教。真正的原因确非如此，瑞典人已经彻底厌倦了由于她在位时的过分追求引人注目的效果而使他们的国家获得的不佳评论。

在克里斯蒂娜表姐留下的极度混乱不堪的局面下——撇开小事不谈，她竟将半壁河山送给了她的朋友——查理十一世了，他当时只有四岁，所以便由那些贵族们组成的委员会进行摄政。那些人曾协助古斯塔夫斯·阿道弗斯缔造伟大的瑞典国，现在觉得他们有权为自己谋取利益。他们非常成功，但好景不长，当年轻的国王长到20岁时，他将这些人全部铲除掉了，并做了当时唯一能使国家从彻底毁灭中拯救出来的实事，即他自己实行独裁统治。因此，当查理十二世于1682年6月17日出生的时候，瑞典再次走上富强之路，再次建立了高效率的军队，再次被其他国家看作北欧政治中的关键国家。但瑞典却丝毫不存在我们今天意义上的民主，对此无人在意。

小查理的母亲乌尔丽卡·莉奥诺拉是丹麦公主。因此她来自在过去的百年中瑞典一直与之进行痛苦争战的国家。但这种王室联姻使得丹麦成为瑞典的一名同盟。结果整个波罗的海如今就在瑞典人的掌握之中了，当然俄罗斯一直在远方存在，但可以不把它当作严重的威胁——它太贫穷，太无秩序可言，不会有什么特别的结果的。

至于年轻的加冕王子，他拥有一个国家在发生危机时从它的统治者身上所能找到的一切品质。他从他父亲那里继承了对马和骑马疾驰的强烈爱好，这项运动使他在今后的生活中受益匪浅——他曾骑马横穿欧洲大陆，从里海一直跑到波罗的海，直到此时才有人发现他已逃跑。从他能坐在马鞍上开始（他在四岁时就取得了这一成绩），他便跟随他的父亲四处巡视。因此他掌握着有关政府的详尽的第一手材料，诸如军队哨卡、船坞、港口、种马农场、工厂、谷仓、火药库等，他还在大多数孩子仍然只能从邮票上的图画识别外国名称的年纪时就懂得有关这些事情的一切。

但他的爸爸，这位有着强烈的偏见好恶，像任何17世纪的普鲁士国王一样对自己肩负的责任认真负责的国王。也传给了他的子孙另外三种副业，即对猎熊的酷爱，对与法国有关的一切极为厌恶，对与外交艺术有关的事情有种深深不信任感。

因此，查理十一世去世时（仅仅42岁），这位14岁的男孩应当马上继承父业似乎是很自然的。于是查理立即登基，已经戴上王冠的查理的表现说明他打算成为与他父亲一样的独裁者。他在加冕仪式上并没有像通常那样宣誓自己是国家的第一仆人。他毫不费力地将王冠戴到了自己头上。他的大臣和顾问们并不赞成他这样做，可他们小心地回避了问起尴尬的问题。在斯德哥尔摩，人们对这位年轻人已形成了公认的常识，他生性极为沉默寡言，如没人敦促他，从来不愿袒露自己的观点。

在其他国家，人们并不能确切理解这些性格特征。他们误以为他很害羞，性格软弱，因此瑞典的可爱邻邦们很快就结成了同盟。他们各自在过去50年中都因自己的军队无法与古斯塔夫斯·阿道弗斯及继承者们训练有素的军队匹敌而丧失过领土。丹麦，波兰（现被撒克逊人统治）和沙俄现在为了共同的事业站在一起去解决过去的积怨了。

1700年，撒克逊首领雷德里克·奥古斯塔斯带兵向里加进军，由此拉开了战争的序幕。当时查理只有18岁，他们都认为他应当还在学校受教育，事实却相反，他强迫那些不情愿的将军们开辟了一条前人从未尝试过的航道，在别人发现他已踏上征程之前，他早已大军压境到了丹麦，在他准备向哥本哈根发起猛攻时，丹麦人被迫请求言和。

这位出人意料的征服者从丹麦东行打算援救里加，这时他也听说纳尔瓦将陷于俄军之手，于是他下令进军该城。每一位将军都反对这个行动。他们劝阻国王说这是蛮干，冒险，结果只可能是一场灾难。当时是11月中旬，道路无法通行，俄军人数又远胜过瑞典人，要打败他们几乎是不可能的。11月19日，查理的军队离纳尔瓦只有9英里（14.48千米）了，国王命令点起火来通知驻军救援已到。第二天早晨天下起了雪，中午过后不久，暴风雪变成了雪暴。2点钟时能见度几乎为零，查理向彼得发起了进攻，且完全彻底地打败俄军。如果他肯乘胜出击，他甚至有可能直捣莫斯科。

瑞典人非常清楚这样的事实，彼得极大地不受欢迎，整个俄国叛乱盛行，俄国那些格外保守的人士不停地祈祷着，渴望有某位外国的救世主能将他们从假耶稣手中解放出来。对瑞典人来说，不幸的是，此刻的查理固执地认为，他必须首先惩罚去年背叛他的萨克森奥古斯塔斯。他的政治顾问们和所有的将军都请求他乘胜前进，马上向彼得的残余部队发起进攻。

可这位固执己见的年轻人不肯听从他的大臣和随从的意见，开始了对萨克森奥古斯塔斯的无益追逐。彼得，用他的话讲，可以等待，因为到目前为止，那位年轻的国王正遭受着必胜情绪所带来的痛苦——仍然影响着那么多当代国人的不幸的纳尔瓦情结。他坚信不论在何种情况下，不论差距有多大，总能打败俄国人，可他恰恰错了，因为尽管莫斯科人仍然为野蛮人，每个莫斯科人单拿出来无法与有高度纪律性、训练有素的军官指挥的瑞典军队相比，尽管如此，查理完全不了解他的斯拉夫对手的性格，他可悲地低估了他们重新恢复的能力。

结果，查理在波兰荒凉的莽原上浪费了许多年宝贵的时光，当他最终再次向俄军发动进攻时已经太晚了。彼得已利用7年的时间间歇重组了军队，在波尔塔瓦等着查理。在战争打响前几天，查理在一次侦察中受了伤。可他没有听从医生的劝告卧床休息，却命人在两匹马中间架起一把椅子，这样他就可以参加战斗了。他似乎忘记了一位无法行动的指挥官和一支疲惫饥饿的军队并不是获胜的理想状态，特别是他的对手几乎毁掉了他经过的路上的一切，令他的军队和马匹无以果腹。

查理本想在波尔塔瓦战役中重演他在纳尔瓦智胜俄军的一幕，但这一次运气却也相背而行。他寄予极大希望的哥萨克援军没能出现，从南俄罗斯来的哥萨克指挥官梅泽帕根本没像他许诺的那样带来10万骑兵，相反只带了1000援军，他们期望从瑞典派来的增援部队被俄罗斯军队以四倍的力量消灭了。之后温特将军来到了现场。1708年至1709年的那一个冬天是北欧曾经过的最糟糕的冬天。老一代史学家这样讲道，鸟类在飞行时竟被冻死，要点火是不可能的，因为木材在露天里是根本点不着的，就连酒在瓶子里都冻结了。可查理在他的军队遭受了极大的损失后仍固执地坚持他最初直接进攻的计划，纳尔瓦战争的记忆已在他心中扎下了根。夏天一到，路可以通行时，他便又匆忙重复起他先前的成功之举。

查理在椅子上坐好，下达了进攻的命令。在前两小时中，靠纯粹的奋战精神略有优势的瑞典军队似乎可以再次席卷沙皇军队。可随之而来的却是疲惫和困乏。接着俄军发动了一场突然袭击——一场令人痛苦的袭击。

在查理将钱财大量浪费在代价昂贵而毫无结果的萨克森奥古斯塔斯追逐战中时，彼得却把从子民那里征来的税收用于购买了德国和法国制造的现代化最新式枪支，他的大炮射击速度比瑞典的快四倍。很快，查理的大部分军队被消灭掉了。剩余的部队面临着在数量上远胜过自己的俄军，也被迫投降了。最后只剩下1500骑兵随查理逃到土耳其避难。他在那里整整待了5年。5年时间里他克服了以前不喜欢外交的毛病，屈就在草原地带的帐篷里的他，使整个欧洲都在关注他的命运。他曾屡次尝试说服君士坦丁堡的土耳其政府向俄罗斯宣战。可每次都发现比他更富有的俄罗斯人已经向土耳其首相贿赂了更多的钱，督促他采取相反的行动，最后甚至连土耳其人也厌烦了这种荒唐的喜剧游戏，他们扫荡了查理在本德的营地，抓获了查理本人。查理以他惯有的超冷漠态度对待他新的不幸。他在监狱中又待了15个月，仍像自由人一样继续他的外交策划。他还幻想着瑞典方面派来新的军队，那样他就最终能够解决他与波兰和俄罗斯的积怨了。

当他意识到游戏结束了——彻底结束了——这位国王骑上战马，在唯一的一名助手伴随下，从达摩提卡（他被土耳其软禁之地）一直跑到波罗的海岸边的施特拉尔松德，至此他又踏上了瑞典的土地（他9月20日开始逃跑，11月11日才到达）。

欧洲人逐渐将查理看成故事书中的人物，对他的敬畏之情使他成了所有灾难性战役的真正英雄。在施特拉尔松德在敌人的炮火围攻下逐渐走向毁灭的情况下，欧洲人都屏住了呼吸。下一步怎么走？在瑞典，长期

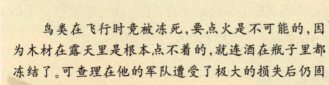

鸟类在飞行时竟被冻死，要点火是不可能的，因为木材在露天里是根本点不着的，就连酒在瓶子里都冻结了。可查理在他的军队遭受了极大的损失后仍固执地坚持他最初直接进攻的计划，纳尔瓦战争的记忆已在他心中扎下了根。

以来人们就开始议论着他们国家的光辉到此为止吧，是该讨论和平的时候了。进行体面的和平谈判在政治上还是行得通的，可是坚决不服输的查理仍义无反顾。施特拉尔松德陷落后，他穿越波罗的海在离开14年后又一次踏上了故乡的土地。在斯德哥尔摩小心翼翼地躲了几天以后，他又发动了对挪威的战争，当时的挪威在丹麦的统治之下，这给了他一个进攻丹麦的机会。

几乎没有哪个国家像瑞典这样疲惫不堪，没有人力，钱也花光了，贸易一团糟，信誉也受到破坏，可这个国家仍保持了忠诚。1718年12月，查理围攻挪威坚固的菲特烈斯坦堡垒。瑞军最前沿的战壕离那座城堡只有800英尺（约243.84米）之隔，我没有必要再讲了，查理站在战壕的最前沿，他从土墙后面站起身来，准备更清楚地查看一下地形。一分钟后，他死了，一颗子弹穿透了他的头部。

我非常怀疑他们是否会弄清究竟是谁射出了那致命的一枪。几乎马上就有难听的流言说他自己的一名士兵开枪打死了国王，为的是能使贫穷、支离破碎的瑞典重返和平。但在现场作战、在国王被抬到帐篷后检查过他的尸体的另一些人发誓说子弹是从前面进入大脑的，因此一定是敌人射出的无疑。当然，在今天，这次事故只有文物学家探讨谜底时还有些价值。重要的事实在于查理不再活着了，瑞典人有了一段短暂的喘息时期，上帝知道他们对此非常需要。在不到20年的时间里，这位年轻人使他的祖先们经过一个世纪的艰苦努力得到的成果付诸东流。帝国梦想彻底破灭了，瑞典沦为三流国家，而俄国则跃升为北欧起支配作用的国家。

对于查理无数错误造成的实际后果，就讲这些。